仕事がうまくいく！

絶対的な「1日」の習慣

山本武史

明日香出版社

はじめに

本書を手に取っていただき、誠にありがとうございます！
本書を開いているということは、今、あなたは時間の使い方にお悩みがあるということですね。仕事に関することでしょうか？　それともプライベートな時間の使い方でしょうか？

私はタイムマネジメントコーチの山本武史と申します。これまで1万人以上に研修・コーチングを提供し、良い習慣作りと日々のルーティーンを組んでいくことで、それぞれの目標達成をお手伝いしてきました。コーチングや研修をしていると、多くの人から次のようなお悩みを聞きます。

「本当はもっと家族で過ごす時間も持ちたいし、自分の趣味の時間も持ちたい。でも、日々の仕事に追われて……。残業が結構多いので、休日は疲れて何もする気になれません。将来のことも不安ですし、何か始めた方がいいと思うのですが、とにかく忙しくて時間がないんです」

働き方改革とはいうものの、仕事量が減るわけでもありません。効率よく働いてもなお、残業がなくならないという声もたくさん聞きます。

私たちの持ち時間は1日24時間と決まっています。増やすことも減らすこともできません。ということは、この24時間の使い方によって、仕事や人生の質が変わってくるとも言えますよね。**時間管理ができたら、仕事も人生もうまくいくのです。**

本書では、「もっと時間が欲しい」「もっと時間を有効に使いたい」「仕事も人生ももっと充実させたい」といった理想を叶えるために、無駄のない理想的な1日を作る具体的な方法について紹介しています。

仕事の効率化を図り、家庭も仕事も諦めない、さらに将来の自分への投資もしていく、ある意味『わがままな時間の使い方』です。

第1章では、理想の1日の作り方を具体的に紹介し、第2章では作った理想の1日をきっちり守っていく方法を詳しく解説しています。

第3章ではさらにもう一歩踏み込んで、平日も休日も使える時間管理の方法を、第4章ではルーティーンを使った理想の1日の組み立て方を解説しています。

そして、第5章では脳科学や心理学を交えた時間の有効な使い方を、第6章にはプロジェクトや組織の運営をしていくための知識を盛り込みました。

本書は、単なる時短術ではなく、時間の使い方そのものを根底から変えてもらうことを目的として書きました。いわば、あなたの時間の使い方に革命をもたらすノウハウ書です。時間の使い方を変えれば、毎日の充実度が上がります。毎日が充実すれば、人生もうまくいきます。理想の人生を歩むために、24時間の使い方を見直していきましょう！

「人生を愛するものよ。時間を浪費してはならない。人生は時間で出来ているのだから」

―ベンジャミン・フランクリン―

山本 武史

第1章 理想の1日の作り方

第2章

理想の1日を守る

第3章 仕事も休日もうまくいくタイムマネジメント

第4章

ルーティーンという時短戦略

第5章

脳科学・心理学からみるタイムマネジメント

第6章

大きな視点でのタイムマネジメント

第1章

理想の1日の作り方

理想の1日は「予算」から作る

いきなりですが、いくつか質問させてください。

昨日は、何時に起きましたか？　何時に出社し、最初に取りかかった仕事は何でしたか？　午後はどのような仕事をどれだけこなしたでしょう？　その後は何をして、何時に寝ましたか？

さて、昨日のことをどれだけ正確に思い出せるでしょうか。

つい昨日のことであっても、正確に思い出すことは難しいですよね。私たちは過ごした時間をしっかり把握しているようで、実際はほとんど覚えていないものです。**記憶に残らない日々を過ごしていては、充実した人生など歩めません。**

本書でいう『理想の1日』とは、ダラダラと過ごす無駄な時間がなく、仕事がスケジュール通りに進み、家族との時間や自分の将来への投資がきちんと取り入れられた1日のことです。こういった理想の1日を毎日繰り返すことで、充実した理想的な人生が歩めます。

理想の1日を作るためには、まずは時間を大切に使うポイントを知る必要があります。「時は金なり」「Time is money」といった言葉を耳にしたことはありませんか？　時間はお金と同じように貴重だということです。同じ貴重なものであれば、大切に使うためのヒントも重なる部分があるはずです。

以前、ファイナンシャルプランナーの資格を持つ友人に、お金の貯め方について聞いたことがあります。その時に教わったのは、次の3点です。

①収支を確認し、無駄を省く
②予算を立てる
③予算内でやり繰りする

実は、これらの考え方は、そっくりそのまま時間管理にも役立ちます。

時間の収支を確認するとは、何にどのくらいの時間を使っているのか、細かくチェックすることです。お金もそうですが、収支を知らないままで、無駄を省くことはできません。「まぁこれくらいいいかな」という感覚では、お金も時間も無駄遣いが止まりません。しっかり収支をチェックして、無駄を見つけていきましょう。

無駄を見つけたら、次は予算を立てます。時間の使い方で言うならば「計画を立てる」となるでしょう。ここで言う計画とは、1日24時間の細かいタイムスケジュールのことです。毎日の時間の無駄遣いを減らすことによって、無理なく本来やるべきことに時間が割けるようになります。その時間をきちんと計画に入れていくのです。そうすることで、理想の人生を歩むための、理想の1日が描けます。

理想的な24時間の計画ができたら、その通りに進めるようにしましょう。これも、お金を貯める時と同じです。予算を無視してお金を使っていたら、貯金はできませんよね。きちんと計画通りに進めることが大切です。何か想定外のことが起きたら、その時必要に応じて、臨機応変に対応すればいいのです。

理想の1日を作るには、どこにどれだけの無駄があるかをチェックして、その無駄な時間を本来やるべきことに充ててください。思いついた時だけでなく、きちんと計画的に進めていきましょう。具体的なやり方は、本書でじっくり解説していきます。

「時間がない」という言い訳はやめよう

忙しい時によく「時間がない」と言ったりしますが、本当でしょうか。

そもそも私たちは、等しく1日24時間を過ごしています。このことに例外はありません。ある人は25時間で、ある人は22時間で1日を終えるなどということはあり得ませんよね。つまり、24時間を、何に、どのように割り振っているかが問題だということです。

時間がないと思っていても、意外と無駄なことに多くの時間を費やしていたこともあるでしょうし、本来ならもっと短時間で終えられたこともあるでしょう。

そう考えると、「時間がない」のではなく、本当は「時間の使い方が下手だ」と言う方が正しいのではないでしょうか。時間の使い方をきちんと学び、日々の仕事や生活に取り入れていくことで、時間のゆとりを手に入れることができます。

実際に、何にどれくらいの時間を使ったのか、どれくらい無駄な時間を過ごしているかをチェックしてみましょう。

もう一度、詳しく昨日を思い出してください。次の『時間の無駄遣い事例』を参考に、無駄な時間を過ごしていないか確認してください。

時間の無駄遣い事例

- □5分だけ、と見始めたSNSに30分以上費やしてしまった
- □なんとなくつけたテレビやYouTubeに見入ってしまっていた
- □疲れてダラダラと過ごしてしまった
- □友人から着信があり、気づいたら1時間しゃべっていた
- □必要なものが見つからず、探しものに30分以上かかった
- □ちょっと気分転換しようと始めたゲームに2時間ハマった
- □どうしようもないことに悩んで疲れてしまった

□仕事のお供にと、つけたラジオに聞き入ってしまった
□忘れ物に気づいて途中で引き返した
□提出書類に不備があってやり直しをさせられた
□仕事の確認を怠ってミスをした結果、1時間以上無駄にした
□必要な手続きを忘れていて、その日の仕事が進められなかった
□メールやSNSの通知が気になって集中できなかった
□上司に大切な報告をし忘れて叱られてしまった
□せっかく時間通り起きたのに二度寝して15分無駄にした

いかがでしょうか。意外と多くの無駄な時間を過ごしていませんか?

「時間がない」というのは、実は言い訳である場合がほとんどです。こうした無駄をきちんと把握して、そこからどれだけの時間ができるかを計算しましょう。

仮に1日1時間を無駄に過ごしてしまっているとしましょう。1時間というと長いように思いますが、YouTubeやSNSなどを見ていればすぐに過ぎてしまいますよね。これが

1ヶ月続けば30時間、1年で365時間（約15日間）の無駄になってしまうのです。

そう考えると、結構大きなロスになってしまいます。しかし、裏を返せば、それだけ時間を生み出せるということです。

1年で365時間もの時間ができれば、スキルの1つや2つ、身につけることは可能です。実際に私は、プロコーチの資格（米国CTI認定プロフェッショナルコーチ）を、約300時間で取得しました。一度、無駄にしている時間を正確に計算してみてくださいね。

本来やるべきことを見つける

無駄を見つけて、作れる時間がわかったら、その時間を本来やるべきことに優先的に割り当てていきましょう。本来やるべきこととは、あなたの人生にとって必要なことです。具体的に言うと、仕事のスキルアップや新たなチャンスを見つけること、家族とゆっくり過ごすこと、自分のコンディションを整えること、会社以外で所属するコミュニティでの人間関係をよくすること、将来に対する備えなどです。

本来やるべきことは、意外と盲点になっている場合があります。後になって「しまった！　時間があったなら、○○をやっておけばよかった！」なんて後悔したことがある人も多いでしょう。これらをしっかりと洗い出すために、**まず自分が将来どうなりたいのかをきちんと考えてください。**就職までは「こんな仕事に就きたい」という目指すべき姿があったけれども、社会人として働き始めたら、将来のことは考えないようになってしまった方もいるでしょう。しかし、なりたい将来像を描けなければ、それこそ無駄な時間を過ごすことになります。

時間ができたから何をしようかと考えると、私たちはつい楽な方へと逃げてしまいます。テレビやYouTubeをぼうっと見てしまったり、ゲームやSNSに没頭してしまったりと、無意識に時間を無駄にしてしまうのです。

そうしないためにも、ある程度、将来なりたい姿をイメージしておきましょう。

例えば、ピアニストを目指すとしたら、ピアノの練習は必須ですよね。それと同じように、出版したいなら文章を書く時間や文章力を高める時間が必要ですし、起業したいなら経営の勉強やビジネスプランを練る時間が必要です。いい家庭を築き、この先も幸せを実感したいなら、家族で談笑したり、出かけたり、のんびり過ごすなど、家族との豊かな時間を持つことも重要です。

このように将来を描くことで、本来やるべきことが見えてきます。さて、あなたは将来どうなりたいですか？　そして、そのために今、何をやり始めますか？

自己投資を最優先に！

「やるべきこと」というのは、目の前の仕事だけでないことが、わかったでしょうか。自分のため、家族のために、やるべきことはたくさんあるはずです。いわば、将来のための自己投資です。これらは「いつやるか？」を決めることも大切です。思いついた時にやっても、効果はほとんどありません。

学生時代のテスト勉強を思い出してください。気分が乗っている時に勉強すると、やった気にはなりますが、テストで点数を取れるかというとそうではなかったはずです。毎日きちんと計画的に勉強を進めなければ、テストで良い点数は取れませんよね。自己投資も同じです。思いつきでやるのではなく、毎日きちんと計画的に取り組んでいきましょう。

「将来なりたい姿もまだはっきりしないし、自己投資と言われても何をしていいかわからない！」という人は、**ひとまず運動と読書に取り組んでみてください。**運動は「身体」という最も大切な資源を良い状態に保ってくれますし、読書は仕事にもプライベートにも役立つ情報をたくさん得ることができます。

私自身、この2つに取り組み始めてから、営業成績社内№1になるなど、仕事で成果を出すことができました。何をするべきかわからないなら、騙されたと思って、この2つに取り組むことをお勧めします。

運動というと激しいスポーツをイメージする人もいますが、簡単なもので結構です。例えばウォーキングやラジオ体操など、少し心拍数が上がる程度に身体を動かすだけでも十分です。時間も10～15分程度で大丈夫です。

「そんな軽い運動を短時間やっただけで効果はあるの？」と思うかもしれませんが、安心してください。これが毎日続けば驚くほどの効果につながります。それより、先ほどもお伝えした通り、**思いつきで行うのではなく、計画的に毎日行うことが重要です。**そのためには、毎日できることの方がいいのです。

読書にしても同じです。読書というと、図書館にこもって何時間もぶっ続けで読む姿や、山積みの本を次から次へと読んでいく姿をイメージする人もいますが、もっと楽に考えましょう。

社会人の読書量ってどれくらいかご存じですか？　楽天ブックスが2018年に行った調査（上司と部下の読書事情に関する調査）によると、全体の約60％の人が月に1冊未満と答えたそうです。ということは、**月に1冊読めばまずは合格と言えますよね。**

200ページのビジネス書を1ヶ月かけて読むとすれば、毎日6〜7ページほど読めば読破できます。読書に慣れていない人でも、5分ほどで読み終える分量です。意外と楽に取り組めますよ。

運動にしても、読書にしても、短時間で大丈夫なので、気軽に始めてみるといいでしょう。とはいえ、短時間だからこそ、計画的に進めることをお勧めします。つまり、『習慣にする』ということです。習慣にしてしまえば、あとは楽です。歯磨きと一緒で、やらないと気持ち悪くなりますから。習慣の作り方については、後ほど詳しく紹介しますが、毎日コツコツと続けることを意識してくださいね。

理想のワークライフバランスを叶える

ワークライフバランスというと、どんなことをイメージするでしょうか？　多くの人が、働く時間とプライベート時間のバランスと考えていますが、実は少し違います。内閣府によると、ワークライフバランスが実現した社会とは、「国民一人ひとりがやりがいや充実感を感じながら働き、仕事上の責任を果たすとともに、家庭や地域生活などにおいても、子育て期、中高年期といった人生の各段階に応じて多様な生き方が選択・実現できる社会」と定義されています。つまり、働く時間とプライベート時間を線引きするのではなく、必要に応じて配分していきましょうということです。

話はそれますが、私には4人の子どもがいます。子どもが幼い頃は、まさに手が足りない状態でした。当然、妻は仕事を休み、私は有給を消化したり、仕事を早く切り上げたりしながら子育ての時間を捻出していました。
この経験から、私はワークライフバランスの難しさを痛感し、その必要性も十分過ぎるほど感じました。法や制度任せにせず、自分でハンドルを握って進んでいくしかないのです。

では、どのようにすれば理想のワークライフバランスが叶うのかというと、これまで伝えてきたように、きちんと計画することが大前提です。つまり、**何にどれくらいの時間を使っているのかを把握して無駄を省き、本来やるべきことをきちんと毎日のスケジュールに落とし込んでいくのです。**
何時に出社して何時に帰宅するのか。勤務時間中はどのように仕事をこなすのか。帰宅後は何にどれくらい時間を使っていくのか。これらをできるだけ細かく設定していきます。そして、**可能な限りルーティーンにしていきます。**その具体的な方法は第4章で紹介しますが、イメージしやすいように私の例を紹介しておきます。

朝：起床（4時）→家事→筋トレ→朝食・身支度

昼：毎日、計画を立てて仕事
夜：入浴→夕食→翌日の食事の下拵《したごしら》え→自由時間（家族と話す、ゲーム、読書など）→就寝（22時）

私の場合は、研修講師という仕事柄、読書や学習などのいわゆるインプット作業は勤務時間中に行います。そのため、意識的に行いたいのは、家族と一緒に過ごす時間と筋トレです。これらはしっかりとルーティーンに組み込んでいます。

理想のワークライフバランスは、人生の段階において変わってきます。その時に何がどのくらい必要なのかは、自分で決めなければなりません。しかし、これだけは絶対に必要だと言えるのは、**自己投資と家族との時間です**。仕事に真剣に打ち込むことも非常に重要ですが、この2つの時間はしっかりと守ってください。

理想の1日を作るための3ステップ

理想の1日は、大きく分けて次の3つのステップで作っていきます。

①やるべきことを洗い出す

まずは、やるべきことを細かく洗い出していきます。会議や面談など人と会う約束だけでなく、**自分1人で進める仕事も、雑用やルーティーン業務も、すべて作業単位に細分化して洗い出してください。**例えば、「会議の準備」をする場合、「会議資料の印刷」「会場の机の並び替え」「会議案内の作成」といった具合に必要な作業を細かく分けるのです。

②優先順位を決める

次に、洗い出したやるべきことに優先順位をつけていきます。会社員の方は、勤務時間中には何をどの順に取り組むのか、徹底的に無駄を省いてスッキリとした計画を立ててください。優先順位は、少し先の締め切りのことも考えながら、ミスができない重要な仕事や緊急度の高い仕事を優先させるといいでしょう。**必ずしも締め切りの近い順にはならない**ので、気をつけてくださいね。重要度・緊急度を考えて予定を組まないと、「しまった！　大物を残してしまった！」と後で焦ることになります。

③スケジュールを決める

最後にスケジュールを決めます。もっとも大切なのは、先ほど決めた**優先順位通りに手帳やスケジューラーに「入れていく」こと**です。33ページの「ステップ②」を確認してください。特に注意が必要なのは、優先順位②と③についてです。重要だけど緊急ではない優先順位②と、重要ではないけれど締め切りが近い優先順位③を直接比較した場合、③を先に取り組まないと間に合わない場面も出てくるでしょう。その場合は、③を先に取り組んでも構いません。しかし、②は取り組むタイミングが後になったとしても、絶対に取り組まなければならない重要なものです。その時間をしっかり確保しておくために、③よりも**先にスケジューラーに記入して十分な時間を確保しておく**のです。ある一定の大きさの瓶に大きな石と小石を入れていくシーンを想像してみてください。小石から入れていくと大きな石は入らなくなってしまいますが、大きな石から入れていくと、その隙間に小石が入り、無駄なくスッキリと収まります。これと同じ原理です。

この計画立ては毎日決まった時間にすることをお勧めします。**出勤前か、仕事を始める前がベストです。**そのタイミングで、翌日の同じ時間までを計画していきます。例えば、出勤前の7時に予定を立てるなら、翌朝7時までの予定を組んでいくのです。ワークライフバランスを考えて、運動や学習の時間もきっちり予定に入れてください。

また、**仕事とプライベートのスケジュール管理は一元化して行ってください。**ワークライフバランスを考えるなら、仕事とプライベートを分けて管理するのは、合理的ではありません。同じ手帳やスケジューラーで、公私ともにチェックできた方が絶対に便利です。一元化しないと、予定の管理に失敗します。私も過去、失敗を繰り返してきました。例えば、息子の誕生会の日に接待を入れてしまったり、家族で出かける日に事務処理の予定を入れてしまったり、いわゆるダブルブッキングをしてしまったことがあります。手帳2冊を使い分けるのは大変です。一元管理を心がけましょう。

理想の１日を作るための３ステップ

ステップ①　やるべきことを洗い出す

1. ＿＿＿＿　6. ＿＿＿＿
2. ＿＿＿＿　7. ＿＿＿＿
3. ＿＿＿＿　8. ＿＿＿＿
4. ＿＿＿＿　9. ＿＿＿＿
5. ＿＿＿＿　10. ＿＿＿＿

作業単位で
細かく分ける

ステップ②　優先順位を決める

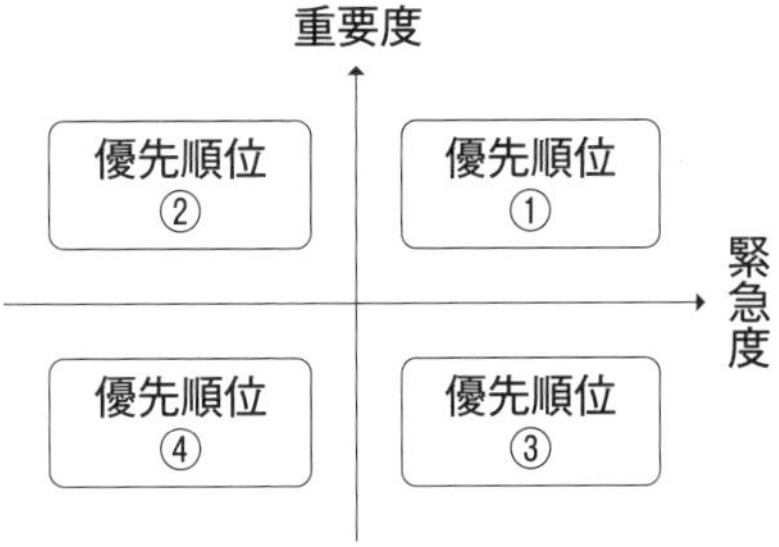

・重要度、緊急度の高いことを優先
・締め切り順になるとは限らない！

ステップ③　スケジュールを決める

	月	火	水	木	金
9:00					
10:00					
11:00					
12:00					
終業後					

・優先順位通りに入れるのがポイント
・仕事もプライベートも一緒に管理

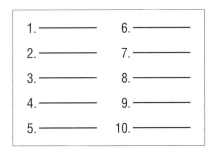

99％の人が意識しない時間管理の盲点とは？

時間管理を徹底している人でも、「どうも順調に進まない」とか「予定に入れたけど力尽きてできないタスクがあった」という経験はあるようです。ここでは、ほとんどの人が意識しない時間管理の秘策を紹介します。

ズバリ結論から言うと『**エネルギー管理**』です。

私たちは、何をするにせよ必ず時間を使いますよね。仕事をしていようが、家事をしていようが、のんびりしていようが、時間を使うことに変わりはないです。同じように、どんな活動であれ必ずエネルギーも消費しています。しかし、時間の使い方ばかりを気にして、エネルギー消費に意識を向けている人はほとんどいません。

エネルギーを考えて予定を組んでいけば、効率よく仕事を進めていけるようになり、時

間の節約になります。生産性の高い仕事をしたいなら、絶対に意識すべきです。

エネルギー消費を考えて、予定を立てる具体的なポイントをみていきましょう。**例えば、新しいことを考えるタスクは午前中に行ってください。**眠くなるお昼過ぎや、疲れて早く帰りたい夕方にいいアイディアは出てきません。逆に、さほど考えなくてもできるルーティーン業務などは、お昼過ぎや夕方などに行うといいでしょう。このように、エネルギーの状態に合わせて何を行うか決めていくことをエネルギー管理と言います。

エネルギー管理は24時間すべてに当てはめると、やりたいことがスムーズにできるようになります。例えば、忙しいとつい、ギリギリまで寝て仕事に出かけ、早く帰ってからあれこれしようと考えがちです。しかし、それが学習などの集中力が必要なことなら、早く起きて出勤前にする方が効果的です。疲れた頭でダラダラと学ぶより、目覚めた直後の新鮮な頭で学んだ方が、短時間で効果的に学べます。**時間ばかりに気を取られず、エネルギー管理という視点から、タスクの順序を微調整してみるといいでしょう。**

エネルギー管理を考えるなら、エネルギーをチャージすること、エネルギータンクを大

エネルギー管理の視点からやるべきこと

午前

○戦略会議　○プレゼン考案　○時間の読めない仕事
○新しく始める仕事　○計画立案　○専門性の高い学習

午後

○メールチェック　○書類・物品の整理　○経費精算
○軽い打ち合わせ　○日程・時間の調整　○情報収集

きすることも考えたいものです。そのためには趣味を満喫したり、適度な運動をしたりするのがいいでしょう。最近では、始業前やお昼休みにストレッチやヨガ、ウォーキングなどの軽い運動や、趣味を楽しむ人も増えているようです。

エネルギー管理の視点からやるべきことを、午前中と午後どちらに行うのがいいかを上にまとめましたので、参考にしてください。

自己投資に使う時間を確保するコツ

自己投資が大切なことはわかったけれど、どうやって時間を確保すればいいかがわからないという方もいるでしょう。会社で働いている人は、勤務時間内に業務外のことをするのは無理ですよね。プライベート時間を活用するしかありません。

お金と時間の使い方の共通点は、第1章でもお伝えしました。ここでもう一度同じ発想で考えていきましょう。ただし、今度は「使える量」についてです。

お金を貯める、あるいは必要なものを買う際に有効に使おうと思えば、可処分所得を把握することが必要になります。可処分所得とは、『自分の意思で使えるお金』と考えてもらえれば結構です。この可処分所得を超えてお金を使ってしまうと、いわゆる赤字状態です。貯金どころではなくなり、借金生活に突入してしまいます。可処分所得を計算して、その金額内でやりくりしていくことが大前提というわけです。

お金と同じように『自分の意思で使える時間』を可処分時間と言います。**この可処分時間を有効に使うことが、プライベート時間を充実させるコツです。**お金の場合は、所得によって個人差がありますが、時間は、全員が等しく24時間がマックスです。つまり、このような計算式によって可処分時間が決まってきます。

『可処分時間＝24時間－（仕事・家事の時間＋睡眠や食事などに費やす時間）』

ちなみに、2016年に総務省が行った『社会生活基本調査』の結果、可処分時間の平均は約6時間20分でした。平均より多いか少ないかだけで単純に決まるものではありませんが、多い方が、自由な時間が多く取りやすいと言えるでしょう。あなたにはどれくらいの可処分時間があるでしょうか？　一度、計算してみてくださいね。

この可処分時間を何にどう使っていくのかが非常に重要です。自己投資の時間を確保するように、最善を尽くしてください。

1日の「1％」が周りと差をつける

自分の可処分時間がわかったら、自己投資にどれだけ回せるかも決まってきますよね。もしかしたら、「仕事の残業や家事育児などで時間を取られて、ほとんど自己投資の時間が確保できない！」と頭を抱えた方もいるかもしれません。しかし、安心してください。**自己投資はほんの少しの時間で大丈夫です。**むしろ、少しの時間を毎日継続していく方が、効果的に自己投資していけます。

先ほども紹介した『社会生活基本調査』には、自己投資にまつわる項目も記されていました。有業者（何らかの職についている人）が「学習・自己啓発・訓練」に割く時間の平均は、1日でなんとたったの「6分」だそうです。6分くらいなら、どんなに忙しくても確保できるのではないでしょうか。それどころか、もう少し取れませんか？　例えば、15分。これは1日24時間の1％に当たる時間です。しかし、平均の2・5倍もあります。**1日24時間のうち、たった1％の15分間を自己投資の時間に当てるだけで、その他大勢から抜け出せるのです。**

思い出してみてください。受験勉強の時、自分より2・5倍も勉強していたライバルに勝てましたか？　社会人になれば、勉強から解放されたと喜んで、ほとんどの人が勉強をしなくなります。せいぜい仕事に関連することを仕方なくやるくらいでしょう。そのため、たったの15分でも周りと大きく差をつけることができます。

いくら短時間とはいえ、自分の成長のために、本気で取り組む15分間は、絶対に有意義な時間になります。1日15分だけと決めて、読書をする。語学を学ぶ。資格取得に励む。運動をする。何でも結構です。超短時間超集中で自己投資に励んでみてください。1年もするとかなりの成長が見込めます。

その15分間の超短時間自己投資を1日のどこに組み込むのがいいかもお伝えしておきます。それは、朝一番です。

朝はエネルギーが満ち溢れているので、体力、集中力ともに高い状態で取り組めます。
夜だと疲れてできないこともありますが、朝ならば確実に時間を確保できます。
出社時間があるため、ダラダラできないといういい緊張感も生まれるのです。
朝一番の過ごし方は、後ほど詳しく説明します。

第2章

理想の1日を守る

誘惑に負けない強い意志の作り方

誰しも、無駄な時間はなくしたいと考えるものです。しかし、ほとんどの人が無駄とわかっていても、時間を浪費してしまいます。特に自己投資のための学習や運動は、なかなか続けられないという人が多いです。

やるべきことがわかっているのに、無駄なことをしてしまうのは、それだけ意志が弱いということでしょうか？　そして、意志が弱い人は、タイムマネジメントに向いていないのでしょうか？

実は、この「やるべきことをやる」意志の力は、『もともと備わっているもの』ではなくて、『作っていくもの』なのです。では、どのように強い意志を作っていくのでしょうか。

そのヒントは、私の人生を変えてくれた書籍、『7つの習慣』（キングベアー出版）に書いてありました。それは、E・N・グレー著『The Common Denominator of Success（成功者の共通点）』（Executive Books）より抜粋されていて、こう記されています。

「成功者たちの共通点は、成功していない人たちの嫌がることを実行に移す習慣を身につけているということである。彼らにしてみても、必ずしも好きでそれを行なっているわけではないが、自らの嫌だという感情をその目的意識の強さに服従させているのだ」

成功者たちは、鋼の意志を持って生まれてきたかのように思えますが、実はそうではなく、**『目的意識の強さ』に、意志を服従させているのです。**

つまり、「何のためにそれを行うのか？」という、やるべき理由をしっかりと持っているのです。同じように、私たちも『目的意識』を強く持つことによって、楽なことに逃げず、やるべきことに立ち向かえるようになります。

さらに、成功者と呼ばれる人たちは、自分の『人生の目的』をもはっきりと決めています。特に大きな決断については、人生の目的に照らしてみて、やるべきかやらざるべきかを判断しているのです。だからこそ、「やる」と決めたらとことんやりますし、逆に「やらない」と決めたら、周りが驚くほど潔く諦めます。私たちも、人生の目的を定めて強い意志を作っていきましょう。

とはいえ、そう簡単に人生の目的なんて見つからないという場合は、**「それは何のために行うのか？」と、何かやろうとするたびに、自分に問いかけてみてください。**YouTubeを見るのは何のためか、何のためにテレビをつけたのか、この業務は何のために取り組むのか、こうして、いちいち「何のためか？」と目的を意識することで、時間の無駄を防げるでしょう。

まじめな人ほど時間がなくなる３つの理由

私はこれまで１万人以上に研修を提供してきましたが、たくさんの人を見て気づいたことがあります。実は、まじめな人ほど時間が足りなくなっています。

まじめな人は、きっちり計画を立てて、その通り進められるように様々な工夫をしています。なのに、なぜ時間が足りなくなってしまうのでしょうか？

その理由は３つに分けられます。

①時間の読み通りに約束してしまう

例えば誰かに仕事を頼まれたとしましょう。「この仕事をお願いします。何日くらいでできますか？」と頼まれると、まじめな人は、「そうですね。大体３日ほどかかると思いますので、３日後に提出します」と時間の読み通りに約束してしまいます。これは、「順調にいけば」という前提があっての話ですよね。もし急なトラブルに巻き込まれたり、体調不良になったりしたら、期限を守れなくなってしまいます。

そうならないために、ゆとりを持って約束しましょう。例えば、作業に3日ほどかかるとしたら、「5日間いただけますか？　きっちり仕上げますので」と約束するのです。そうしたら、締め切りにゆとりができます。たまたま順調に進んで読み通り3日で提出できたら、「5日と言っていたのにもう仕上げてくれたんですか？　仕事が早いですね！」と相手は喜んでくれます。それを繰り返していけば、「○○さんは、仕事が早い」「○○さんは、仕事の納期より早く仕上げてくる」などと評判になりますよ。一石二鳥ですね！

②自分との約束を守ろうとする

これは一見大切なことのような気がします。もちろん、自分で決めたことをきっちりやることは、すばらしい姿勢だと思います。

しかし、**瑣末《さまつ》なこと、どうでもいい予定まできっちり守る必要はありません。**自分で決めたことなら、自分で後ろ倒しにしてもいいわけです。「今日はこれとこれだけに集中して、あとは明日に回す」「今週は最低限これだけやっつける。残った分は来週に回す」などと、後回しにすることができれば、精神的なゆとりも生まれます。自分を追い込まなくて済むのです。

自分を追い込みすぎるとイライラしますよね。イライラすると集中力が低下して、ますます作業効率が落ちたり、ミスを起こしやすくなったりします。効率が落ちてミスをすると、またそれがイライラにつながり、悪循環にハマってしまいます。自分との約束のうち、瑣末なものは潔く後に回しましょう。

③足し算が好き

まじめな人は、1つできるようになると、続いて2つ目、3つ目と、どんどん新しいことを予定に入れようとします。しかし、ご存じの通り、1日は24時間しかないのです。8時間仕事して、6時間眠れば、残りは10時間。そこから、食事やら入浴やら通勤時間やらを差し引いていくと、さらに減っていきます。その上、さらに新しいことをしていこうとすると当然時間は足りません。これでは、両手が塞がっているのに、さらに物を持とうと努力しているようなものです。

大切なものをうっかり落としてしまわないうちに、何を手放すかを考えましょう。そして、何かをやめて空いた時間を使って、新しいことに挑戦するようにしてくださいね。

リバウンドしない
タイムマネジメント

ダイエットの大敵リバウンド。せっかくがんばって痩せたのに、油断するとすぐに体重が元に戻ってしまいます。経験がある人はわかると思いますが、これはつらいですよね。実は、タイムマネジメントでも同じような『リバウンド現象』が起こることがあります。

ついダラダラしてしまう時間をすべてなくせば、単純に効率的でいい時間を過ごせるようになります。しかし、これを一気に進めようとすると強いガマンが必要になります。「一切の無駄は許さない！」と急激に無駄をなくしていくのではなく、多少無駄があったとしても、目をつむりながら、少しずつ改善していくことをお勧めします。

ダイエットでも同じです。一気に痩せると、一気に戻るリスクも高くなるので、長期的に理想の体重を目指すことがいいと言われています。

そして、最終目標はその体型のキープですよね。タイムマネジメントでも、一時的に改善することを目標とせず、その後もずっといい状態をキープできるようにしたいものです。

そのためには「何のために時間管理を行うのか？」という、時間管理に取り組む目的も考えておいた方がいいでしょう。家族との時間をしっかり確保するためなのか？　将来の自分のレベルアップのためなのか？　もちろん、その両方もあるでしょう。先ほども述べた通り、**目的意識は強い意志を作ってくれます。**時間管理をするための目的をしっかりと設定してくださいね。

では、リバウンドしてしまうタイムマネジメントのケースと、その対策を見ていきましょう。

〈ケース①〉スケジュールをぎちぎちに詰め込んでしまう

これは、タイムマネジメント初心者によくあるケースです。「時間をしっかりと管理しよう！」と意気込むあまり、予定を詰め込み過ぎてしまうのです。すると、1つでも予定が時間オーバーしてしまうと、すべて後ろ倒しになり、ドミノが倒れるかのように、次々と予定が崩れてしまいます。結果、「時間管理なんて意味がない」と諦めてしまうのです。

こうならないために、**ある程度の「余白」を持たせつつ予定を組んでいきましょう。**詳しくは、後述の「何が起きても時間内を達成する仕事の組み立て方」を参考にしてください。

〈ケース②〉予定を立てる時間が長過ぎて疲れ果ててしまう

これもタイムマネジメント初心者にありがちです。失敗したくない、あるいは完璧を求め過ぎて、なかなか計画が決まらず、結局1時間近く考え込んでしまうケースです。

きめ細かく予定を立てたい気持ちはわかります。しかし、計画を立てることに疲れてしまって、三日坊主になってしまってはもったいないです。また、計画立てにそこまで時間をかけること自体が、時間の浪費になってしまいます。どうしても神経質になって決めきれないという人は、**重要度の高いもののトップ3だけを決めてください。**あとは、予定を進めながら調整していくようにしましょう。

〈ケース③〉 手帳に書き込み過ぎて読めない

スケジュールを詰め込み過ぎると、手帳に書き込む予定が多くなり、パッと見ただけでは何が書いてあるかわからなくなってしまいます。結果として、予定を忘れてしまったり、勘違いしてしまったりして、何のための手帳かわからなくなってしまうのです。

詳しくは、「時間管理を楽にしてくれる便利ツールたち」のところで紹介しますが、**カレンダーページとタイムスケジュールページをうまく活用しましょう。**カレンダーページには、簡略化したイベント名だけを、詳しい情報はタイムスケジュールページに書き込むようにしてください。

タイムマネジメントができるようになると、いろんな変化を巻き起こせます。仕事の成果が上がり、人生だって充実してきます。いいことづくめなのですが、**焦って一度に完璧を目指さないようにしてください。**徐々に完璧を目指していくくらいでちょうどいいのです。

締め切りの焦りから解放される必殺技

「締め切りが迫っているのに、全然終わらない！」と、焦った経験がある人は、多いのではないでしょうか。仕事で締め切りが守れないというのは、信用を失うことになりかねません。

では、具体的にどのようにすればいいのでしょうか？　ここでは、締め切り間際で焦らないための必殺技を紹介します。

それは、『**はじめるタイミングを決める**』です。私たちは、仕事を時間内に終わらそうとする時、あるいは予定を組んでいく時には、まず『期限』を明確にしますよね。例えば、会議の日時とか、書類の提出日とか、商品やサービスの納品日とか。仕事には、ほぼ必ず期限や締め切りがありますから、それを明確にして、手帳やスケジューラーに入れておくというのは重要なことです。しかし、きちんと締め切り日を入れているにもかかわらず、うまくいかないことが多いのはなぜでしょうか。

実は、多くの人は手帳やスケジューラーを、今日からせいぜい1週間先くらいしか見ません。「えっと……、今日はどんな予定だった？」「今週やっておくべきことは何だっけ？」といった具合に直近ばかりが気になるのです。そうすると、例えば2週間かかる仕事の締め切りは『視界の外』になってしまいます。そして、締め切り間際になって「しまった！大物を残してしまった！」と、夏休みの宿題に追われる子どものように、大慌てで取り組む羽目になるのです。これでは、せっかく締め切りを入れた意味がありません。

締め切り間際で慌てないようにするためには、**締め切り日時から逆算して、はじめるタイミングを決めましょう。**できれば、突発的な仕事が入ったり、トラブルが起こったりすることも想定に入れて、少しゆとりを持って設定してください。大体ですが、2割増くらいで考えておくといいでしょう。そして、その日時をしっかりと手帳やスケジューラーに入れておいてください。

例えば、10日かかる仕事であれば、12日前に「○○に着手」と記入しておくのです。そうすることで、予定を確認した時に、絶対に間に合うタイミングで『視界の内』に入ってきます。このひと手間だけで、締め切り間際に焦ることはなくなりますので、ぜひ試してくださいね。

何が起きても時間内を達成する仕事の組み立て方

タイムマネジメント研修では、やるべきことに優先順位をつけて、使える時間を無駄なく効率的に使う方法をお伝えしています。受講者からは「スッキリしました！」「これで仕事の成果も上がります！」と喜んでいただけています。しかし、その後、「実は、予定通りに進められなくて……」といった嘆きの声を聞くこともあります。

タイムマネジメントを諦める前に、もう一工夫してください。先ほども触れた通り、きちんと時間通りに進められる予定にするには、**『余白』が必要です。**余白がないと、1つでも時間通りに終わらない仕事が出てきたり、予定外の仕事が入ったりしたら、その後が総崩れになってしまいます。しかし、多くの人は予定を立てる時に余白を入れていません。確かに、仕事中に何もしない時間を入れるのは抵抗があるでしょう。そこで、試してほしいのが『クッションタイム』です。

クッションタイムというのは、その名の通り、『衝撃を吸収してくれる時間』のことです。予定が押してしまったり、予定外の仕事を頼まれたりしたら、この**クッションタイムを予定から外して、時間を確保するのです。**

では、どんなタスクをクッションタイムとして、予定に入れておけば良いのでしょうか。一言でいうと「重要だけど緊急ではないタスク」です。つまり、今すぐではないけれど、やっておかないといけない重要な仕事のことです。

例えば、書類や物品の整理、業務改善の種を探すこと、専門知識の学習やスキルアップ、職場の人間関係をよくする活動（ちょっとした報告・連絡・相談）などです。これらに明確な締め切りはありませんが、どれも先々の仕事においてとても重要なことです。こういった時間を日々の予定に入れておくのです。どれくらいの時間を取ればいいかというと、1日に15分を3～4回入れるといいでしょう。すると、予定が狂っても45～60分はリカバリーできる計算になります。例えば、会議が30分遅れて終わったとしても残業をしなくて済みますね。

1日を無駄にしない始業前のたった1つの行動

タイムマネジメントの秘訣はたくさんありますが、『予定の確認』は必須です。始業前に1日の予定を確認して、流れを想定しておくことが超重要です。

スポーツ選手が試合前にイメージトレーニングをすることをご存じでしょうか？ ゲームでどんなプレーができるか、どんな戦術を取った時にどのような動きをするのか、こういったことを頭の中で繰り返しシミュレーションしているのです。

イメージトレーニングには、次のような効果が期待できます。

- **無意識的に身体が反応するため反応速度が上がる**
- **スムーズに次の行動に移ることができる**

- **高い集中力が持続する**
- **やる気やモチベーションが高まる**
- **想定したリスクに素早く対応できる**

他にもたくさんありますが、ざっと挙げてもこれくらいあります。スポーツの世界では、イメージトレーニングは必須といってもいいでしょう。プロだけでなく、アマチュアスポーツやジュニア選手も、当たり前のように取り入れています。

こうしたメリットがあるイメージトレーニングを、ビジネスにも取り入れていこうという動きは以前からあります。そのもっとも簡単な方法として、予定の確認があるのです。その日１日の予定をしっかりと確認して、何時頃に何を行うのか、そのための準備はどうするのか、あるいは、どの時間帯が過密になっていて、どの時間帯にゆとりがあるのかなど、**まずは全体を把握します。**また、どこにどんなリスクが潜んでいるのかもチェックしましょう。そして、そのリスクを発生させないようにする予防策と、発生してしまった時の対処法も考えておきましょう。

「疲れてグッタリ」から抜け出す帰宅後の過ごし方

1日の仕事を終えて帰宅したら、さすがに疲れが溜まっているでしょう。ゆっくりと過ごしたい気持ちはわかります。しかし、やるべきことは1日の中でしっかりとやっておきたいですよね。特に自己投資には、何としても取り組んでおきたいものです。

帰ってから自宅でのんびりくつろいでしまうと、自宅の心地よさや、テレビやYouTubeの誘惑に負け、すっかりやる気がなくなってしまいます。めんどくさくなる前に、やるべきことに取りかかってしまいましょう。そのための仕掛けを紹介していきます。

第1章で、1日のやるべきことを洗い出し、何時に取り組むかを決めましょう、とお伝えしました。その際に、帰宅後に何をするのかもきちんと決めておくのです。例えば、「今日の仕事時間の使い方を振り返る」「15分だけ○○の本を読む」というように、具体的に決めておきましょう。それを手帳やメモに書いておくのもいいですが、私は**スマートフォンのリマインダー機能をお勧めします。**帰宅時間に「○○をすること」というメッセージが出てくるようにセットしておくことで、やるべきことを忘れずにすみます。

とはいえ、「食事や入浴を済ませて、疲れを取った後の方がいいのでは?」と思うかもしれません。しかし、私が帰宅直後にやるべきことを済ませておくようにお勧めするのには理由があります。その理由とは、良質な睡眠を守るためです。

あなたは、夜寝る前に読書を始めたら、思いのほか読み進めてしまい、なかなか寝つけなくなってしまったことがありませんか?　寝る直前に集中しすぎてしまうと、脳が興奮状態になって、睡眠の質が下がってしまいます。そうなると、寝起きが悪くなりギリギリまで寝てしまって慌てたり、気分が乗らないまま1日をスタートすることになってしまうのです。

朝は、ゆとりを持って起きるに越したことはありません。**寝る直前こそ、ゆったりのんびり過ごし、翌朝をスッキリ迎えられるようにしてください。**そのためには、やるべきことを帰宅直後に片付けて疲れ切った後、しっかり疲れを癒しながら眠りにつく習慣を作っていきましょう。

朝イチは自己投資のゴールデンタイム

帰宅後にやるべきことを片付けておくといい、もう1つの理由も紹介します。
それは、寝つきをよくして早起きするためです。

朝イチは自己投資のゴールデンタイムです。ここ数年、「朝活」という言葉をよく聞きますが、朝は自己投資に最適なのです。寝起き直後は、頭もぼうっとしているかもしれませんが、もっともエネルギーがあることに間違いありません。脳がフレッシュな状態なので、何かを学ぶには最適です。あまり激しいものはお勧めしませんが、軽く運動するのもいいでしょう。

朝の時間帯をうまく使えるようになると、充実感も満足感も高まります。

少しイメージしてみてください。早朝、まだライバルたちが目覚める前に起きて自己投資をする自分。そして、ライバルたちが起きてくる時間帯には、すでに自分を高める活動を1つ2つ終えている自分。

どうでしょうか。イメージするだけでも誇らしい気持ちになりませんか？　朝活をすると、学習や運動でスキルアップするだけでなく、精神的なゆとりも持てるので一石二鳥なのです。

ここでは、お勧めの朝活をいくつか紹介します。

〈知識向上系〉読書、ニュースチェック、気づきや学びのアウトプット
〈健康管理系〉ウォーキング、ジョギング、筋トレ、ヨガ
〈人脈構築系〉SNSなどで意見交換、朝活サークルへの参加
〈精神強化系〉瞑想、趣味的活動
〈仕事準備系〉1日の予定チェック、企画の考案、プレゼン資料作成

朝活といってもかなり幅広く、さまざまな活動があります。たくさんの活動に手を出し

すぎるなど、無理は禁物です。朝活に励み過ぎて、日中眠い状態が続いたり、ケガをしたりしていては、何のための朝活かわからなくなってしまいます。また、睡眠時間を削ってまですることはありません。体調を崩してしまったら意味がないですから、しっかりと睡眠時間を確保してくださいね。

週末や休日は『超回復』のチャンス！

平日は仕事があるため、比較的無駄な時間は少ないけれど、休日はどうしてもダラッと過ごしてしまうという人、結構多いようです。

確かに、休息は必要です。仕事始めにいいスタートを切るためには、しっかりと身体も心も休めたいものです。だからと言って、ダラダラと過ごしてしまっては、もったいないと思いませんか？　**休日は『超回復』のチャンスなのです。**

『超回復』とは、トレーニングで限界まで追い込んだ後、きちんと休息することによって、それ以前よりも高い能力を獲得できることです。『ドラゴンボール』をご存じなら、サイヤ人が瀕死の状態から回復した後、驚異的な強さを手に入れるシーンを見たことがありますよね。まさに、あの状態です。

筋トレでは、毎日同じところを鍛えても筋肉は大きくなりません。なぜなら、トレーニングによって損傷した筋繊維が元に戻らないからです。損傷した筋繊維は、通常2～3日かけて修復されるので、しっかりとトレーニングした後は、きちんと休息を取らないといけないのです。休息を取らないで、トレーニングばかりしていると、疲れが溜まってパフォーマンスは落ちるし、ケガをしやすくなるしでいいことはありません。これは逆効果です。

仕事に関しても、同じようなことが言えます。**忙しいからといって働き詰めではパフォーマンスは低下しますし、ミスをしやすくなって逆効果です。**しっかりと休息を取ることが大切です。

となると、「やはり休日はダラダラと何もせずに過ごしていいのでは？」と思うかもしれませんが、実は違います。

これも筋トレでよく言われるのですが、「アクティブ・レスト」という言葉があります。アクティブとは、「能動的な」という意味で、レストとは、「休み」という意味です。つまり、能動的に休むという意味です。

筋トレの場合、筋繊維を修復させるために必要な栄養素を、その部位まで届ける必要があります。そのためには、しっかりと栄養バランスのいい食事を取り、血流をよくするために、ウォーキングなどの軽い全身運動を行うのがいいとされています。

これは仕事で疲れた身体や頭の超回復にも当てはまります。

いくら疲れたからといっても、週末を寝て過ごすと、余計に身体がだるく感じたり、重く感じたりします。**ウォーキングやストレッチをするなど、軽く身体を動かしましょう。**

頭の方も同じくです。休日は何も考えたくないとか、仕事のことを忘れて現実逃避したいという気持ちはわかりますが、**読書をしたり、翌週の予定を眺めたりして、軽く頭を回転させておきましょう。**そうすることで、必要な栄養や情報が身体と頭を巡り、『超回復』が行われます。

せっかく疲れが溜まるほど真剣に働いたのなら、しっかりと正しい休息（アクティブ・レスト）をとって、確実にレベルアップしていきましょう。

具体的なアクティブ・レストの方法を紹介しておきますので、参考にしてください。

〈身体的アクティブ・レスト〉

ウォーキング、軽いジョギング、ストレッチ、ヨガ、階段の上り下りなど

〈頭脳的アクティブ・レスト〉

読書、翌週の予定確認、ニュースチェック、脳トレやクイズ、パズルゲームなど

自由な時間を確保する本当の意義

平日も休日も無駄なく過ごすことを考えると、「ちょっとした息抜きも欲しいな」と思うかもしれません。仕事に集中するためにも、自由な時間は必要ですよね。ならば、**この自由時間も予定に組み込んでしまいましょう。**つまり、予定を入れない時間帯を作るのです。これはいわば「贅沢時間」です。

ここでも、お金の使い方を考えてみましょう。普段は節約を心がけますが、記念日には豪華な外食をしたり、がんばった自分へのご褒美を買ったりして、いつもより多くのお金を使う「贅沢」をしますよね。でも、この「贅沢」が、「よし、またがんばろう！」と次へのモチベーションになるのです。

時間の使い方に関しても、同じように考えましょう。無駄なく過ごすことは大切ですが、時々、いつもより時間を多く使う「贅沢時間」を予定に入れるのです。例えば、「土曜日の午前中と、日曜日の午後には誰との約束も入れない」というふうに、設定してみるといいでしょう。

「贅沢時間」の目的は、**心をリフレッシュさせること**です。心の状態をよく保つことは、とても重要なことです。ストレスを抱えたまま仕事を続行すれば、メンタルの調子が悪くなることは当然ですよね。常に予定でいっぱいのまま過ごすことも、同じように不調をきたしてしまう可能性があります。だからこそ、時間を贅沢に使うことも必要なのです。

予定がないからと、誰かの誘いに乗らず、しっかりと自分のための時間を確保しましょう。ただし、贅沢が「当たり前」になってしまうと意味がありません。たまの贅沢だからこそいいのです。それを踏まえて、自由な時間も予定に組み込んでくださいね。

第3章

仕事も休日もうまくいくタイムマネジメント

理想的な時間配分バランスとは

第1章、第2章では、理想の1日の作り方と守り方について紹介してきました。ここでは、1日24時間のバランスについて考えていきましょう。読みながら、あなたの理想の1日の黄金比を見つけてくださいね。

参考までに、私の理想の1日を表と円グラフで表しました。左図を見てください。出張で長距離移動する際には、自己啓発及び自由時間が移動時間にすり替わります。ただ、移動中にゆったり音楽を聴いたり、本を読んだり、資料作成をしたりしますので、家事ができなくなる以外はあまり変化はありません。

理想の時間配分バランスを考える際に気をつけてもらいたいのは、**体調管理に必要な時**

〈例〉理想の1日

4:00	起床／洗濯物をたたむ
5:00	筋トレ
6:00	シャワー／朝食
7:00	身支度／休息
8:00	読書／ NEWS チェックなど
9:00	仕事
	↓
12:00	ランチ／休憩
13:00	仕事
	↓
15:00	読書／ SNS
16:00	仕事
	↓
19:00	入浴／夕食
20:00	家事手伝い
21:00	学習／自由時間
22:00	就寝

理想の時間配分バランス

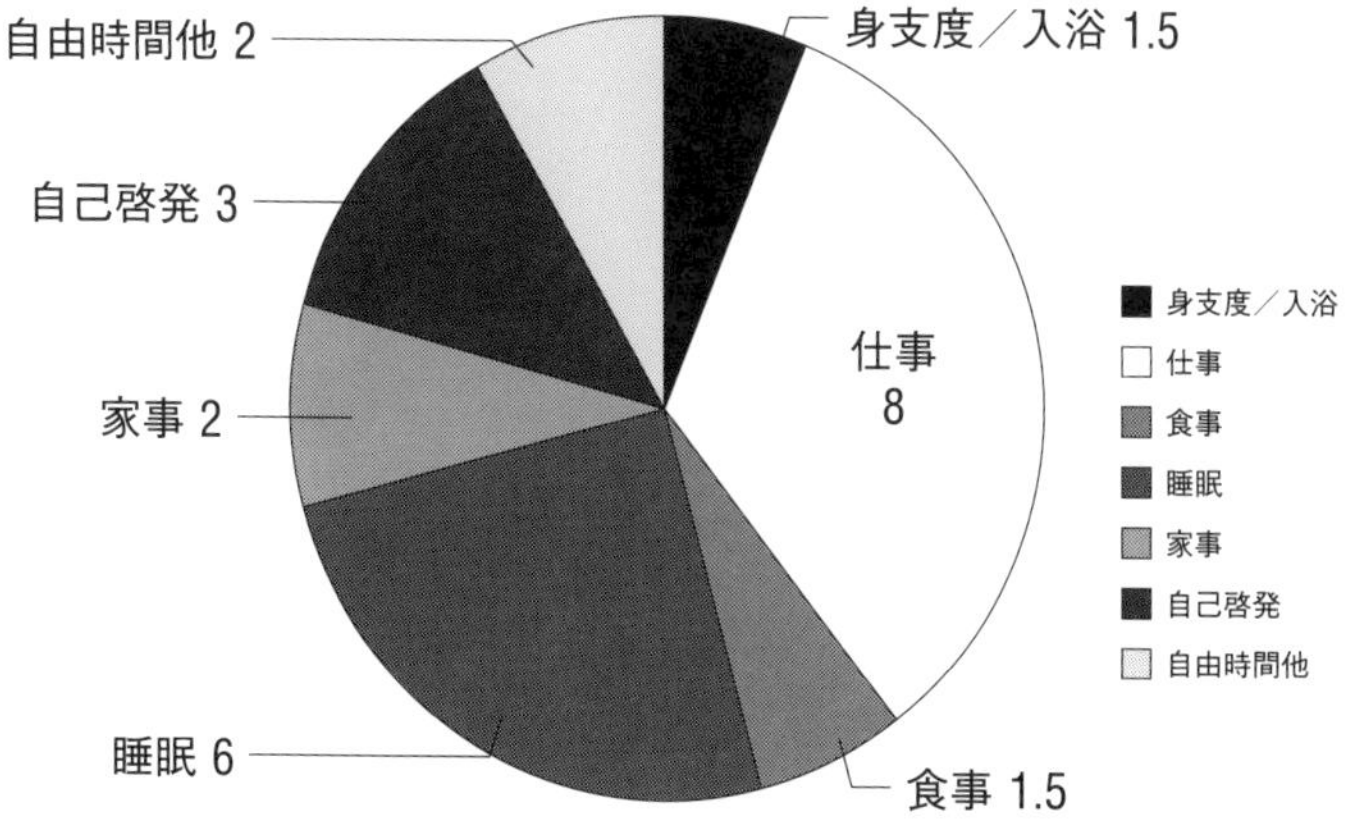

間はしっかりと確保し、忙しくなっても削らないようにすることです。

仕事が忙しいからといって無理に睡眠を削ったりすると、それがパフォーマンス低下につながり、逆効果となる可能性があります。若いうちは多少睡眠不足でも身体は動くでしょうが、頭は冴えませんし、年齢が上がれば上がるほど、睡眠不足によるパフォーマンス低下は顕著になります。そうなると、仕事のスピードが落ちたり、ケアレスミスでやり直しになったりと、**トータルで見て、時間の効率化が図れないことがほとんどです。**睡眠や食事などの時間はしっかりと確保し、身体と頭、それに心もきちんと休めましょう。

私の場合は、仕事のモチベーションを上げるためにも、自分の時間（筋トレ）と家族への貢献の時間（家事）は必ず取ると決めています。この2つをしておかないと、気がかりになり、集中力やモチベーションが低下することが多いので、毎日この2つに取り組むことから1日をスタートさせています。つまり、もっともやらなければならないことから始めて、スッキリした気持ちで仕事のスタートを迎えるのです。

どんなに忙しくドタバタする1日であっても、もっとも重要なことは朝のうちにしっかりとできるため、この習慣を身につけてよかったと思いますし、今後もずっと継続します。

ちなみに、私の1日の優先順位は次のようになっています。

睡眠＞食事＞身支度＞仕事＞自己啓発＞家事＞自由時間

実は、仕事の優先順位はちょうど中間に当たります。人によっては、「低いのでは？」と感じるかもしれません。

先ほどお伝えしたように、自分のコンディションを最高に保つことが最優先です。このことが、仕事のスピードや質に関わってきます。また、身支度をせずに仕事に出かけることはできませんし、1日の疲れを癒したり、気持ちのリフレッシュを図ったりするためにも入浴は欠かせません。これも、間接的にですが、仕事に影響してきます。そのため、仕事よりも優先順位が高いのです。

私の場合は講師でもあるため、仕事と自己啓発の境目が曖昧です。自分のための学びであっても、クライアントや受講者のスキルアップにつながるからです。しかし、仕事あっての自己啓発という側面があるため、仕事の次にしています。

そして、妻には申し訳ないですが、私が不在でも家族が助け合ってこなせる家事が続き、最後に自由時間となっています。

仕事の優先順位は最上位ではないものの、仕事への影響を考えての順位づけとなっています。あなたもぜひ、自分の理想の1日の時間配分バランスや、優先順位を考えてみてくださいね。

仕事がある日を充実させるもうひと工夫

仕事がある日を、さらに充実させるための秘訣を紹介していきます。

結論から言うと、2つあります。始業前に自分の体調を推し測る**バロメーターのような朝活を入れること**、**できる限り重い仕事から手をつけること**です。

自分の体調を推し測るバロメーターは、1日のペース配分を考える上でとても重要です。

私の場合は筋トレをしていて、月に1～2日程度、いつもの重量が異常に重く感じる日があります。そのような日は疲れが溜まっているので、集中力が長く続きません。そのため、こまめに休憩を入れながら作業を進めるように、予定を組み直していきます。逆に、いつもより身体の動きがよく、いつもの重量が軽く感じることもあります。そんな時は、高い集中力が必要な仕事を優先的に予定に組み入れます。

このように、**体調に合わせて予定を組み替えることで、高い生産性をキープできます。**

重い仕事から取り掛かるといい理由を、2つ解説しますね。

重い仕事とは、時間がかかるものや、めんどうに感じるものを言います。これらをやり切ってしまえば、あとはそれ以上のものはないので、作業が進めば進むほど、気持ちは楽になっていきますよね。いわゆる「気持ちの問題」が1つ目の理由です。

そして、2つ目の理由は、エネルギー管理の視点から考えれば、わかってもらえるでしょう。エネルギーは朝をピークに徐々に減っていきますので、早い時間に取りかかる方が十分なエネルギーを充てられます。逆に、重い仕事を疲れた夕方に持ってくると集中力も切れ、時間が余計にかかってしまいます。また、残業がちらついてくるとやる気も下がり、さらに効率が落ちてしまいます。そんな悪循環を断ち切るためには、この言葉を心に刻んで、積極的に重い仕事から取りかかっていきましょう。

「苦しいから逃げるのではない。逃げるから苦しくなるのだ」

―ウィリアム・ジェームズ―

休日を無駄にしないための仕組み

仕事の日を全力で充実させると、反動で「休みの日は何もしたくない」と思ってしまう人もいるでしょう。でも、本当にそれで大丈夫ですか？　いくら休日だからといって、ダラダラと過ごしていたらライバルたちから引き離されるだけでなく、人生の充実度も下げてしまいますよ。そうならないための仕組みを考えていきましょう。

休日を無駄にしないためには、繰り返しお伝えしてきたように、予定を組みましょう。とはいえ、仕事の日のように生産性ばかりを考えなくて結構です。むしろ、**生産性は無視して、レクリエーションを楽しみましょう。**ただ、考えてほしいのは、レクリエーションの本当の意味です。

レクリエーションと聞くと、娯楽や遊びをイメージするでしょう。しかし、本来の意味は少しちがいます。

レクリエーションは、英語で表記すると「recreation」となります。これは「再び」という意味の「re」と、「創造」という意味の「creation」が合わさった単語です。つまり、レクリエーションには、「再創造」という意味があるのです。何を再創造するかというと、自分自身です。気持ちを再創造するきっかけとしての娯楽や遊びを指して「レクリエーション活動」と呼んでいます。

休日を使って再創造したいものとして、自分の気持ちも大事ですが、**人間関係や価値観も大事です。**

人間関係のレクリエーション活動とは、パートナーや家族など、大切な人との絆を深めることを言います。ショッピングや食事に出かけたり、あるいはお互いの話に耳を傾けたり、一緒にいる時間そのものを大切にしましょう。最近は夫婦共働きの家庭が増えているため、平日はお互いに忙しく、ちゃんと一緒の時間が取れないことも多いでしょう。休日は関係性を再構築するチャンスですよ。

また、価値観のレクリエーションとは、これまでの考え方を変えたり、柔軟な発想を身につけたりする上でとても大切な活動です。価値観が凝り固まってしまうと、浅い考えのまま決断をしてしまったり、古い考えに固執して間違った判断をしたりしかねません。少し言い方は悪いですが、ベテラン社員の「前々からこうしている」「昔から○○と相場は決まっている」といった意見は的外れなことも多いです。時代や市場の流れに合わせた、柔軟な判断をするためには、価値観の刷新は絶対に必要です。そのために、新しいことをどんどん経験する時間を取っていきましょう。

価値観を再創造するのに向いている休日の活動は、3つに分けられます。

まず、仕事の感覚に近いところから言うと**「異業種交流会」への参加**です。平日はどうしても同じ業種の人と関わることが多いでしょうから、休日は思い切って、全くお付き合いのない業種や業界の人が集まる場に足を運んでみるといいでしょう。

次に、**芸術鑑賞**です。絵画、音楽、陶芸などジャンルは問いません。映画や演劇、落語や歌舞伎などもいいでしょう。芸術作品はまさに価値観の集合体ですから、これらに触れることで感化されることは多いです。積極的に取り入れてみてください。

最後3つ目、実はこれがもっともお勧め、**旅**です。旅は、気持ちもリフレッシュしてくれますし、パートナーや家族と出かけることで、人間関係のレクリエーションにもなります。また、旅先でいろんな人とざっくばらんに話すことで、その人たちの価値観に触れることもできますし、お店や施設などで働く人たちの声を聞くことで異業種交流の効果も得られます。

時間の使い方がうまい人の特徴10選

これまで一万人以上のビジネスパーソンを見てきて感じた、時間管理がうまい人の特徴を10個、まとめて紹介します。あなたがまだ持っていない特徴があれば、ぜひ参考にしてください。

①目的・目標・手段をきちんと考えている

仕事では、目的・目標・手段は大切だと言われますよね。

これは考える順番もとても大切です。まず「何のためにするのか？」という目的を明確にしなければ、「どのレベルまでやればいいか」という目標も正しく設定できません。目的と目標が明確になって初めて、適切な手段が決まってくるはずです。

しかし、多くの人は「さて、何をやろうか」とか「何から手をつけようかな」と、手段から考え始めます。これが時間の無駄につながることに気づかずに……。

時間の使い方がうまい人は目的・目標・手段をこの順序通りに考えていきます。そうすることによって、いち早く目標をクリアし、無駄なく目的を達成するのです。

この順序で考えると、「やるべきこと」だけでなく、「やらないでおくべきこと」も明確になります。目的や目標に関係のない作業は無駄ですよね。しかし、手段しか見ていないと、「あれもやった方が良いかな?」「こっちもやっておくべきじゃないかな?」とあれこれ手を出してしまい、結局無駄だったということになりかねません。目的・目標・手段の3点セットを、順序通りに考えてから仕事に取りかかりましょう。

②タスクを細分化して行う

タイムマネジメント研修では、予定を立てるワークで受講者にやるべきことを洗い出してもらうのですが、時間の使い方が上手な人と下手な人で、書き出す「タスクの数」が大きく異なります。さて、書き出すタスクが多い人と少ない人とでは、どちらが時間の使い方がうまいかわかりますか?

もしかしたら、「タスクが少ない方が時間を取らないため、時間の使い方がうまい」と考えるかもしれませんが、実際は逆です。**書き出すタスクが多い人ほど、時間の使い方が上手です。**なぜなら、1つの仕事を細かく分けて、小さくした作業単位をどこにどう入れ込むかを考えることができるからです。

タスクを少ししか書き出せない人は、作業単位が大きくなり、まとまった時間を取らないと仕事ができません。そのため、「今日は時間がないから明日にしよう」と後回しにしたり、「よし、覚悟を決めてやり切って帰るか」と残業になったりしてしまうのです。タスクを細かく細分化しておくと、「今日は時間がないからこれとこれだけ。残りの1つは明日に回す」と使える時間の中で、適量の仕事をこなすことができます。また、突然仕事を頼まれたり、クレームやトラブルが発生した時のリカバリーも早くなります。

作業を細かく分けることで、手を止めても良い回数（仕事の区切り目）が増えるため、仕事が中途半端になりにくいのです。そのため、頼まれ仕事やクレーム対応を終えるとすぐに元の仕事に戻ることができます。

③ルーティーン化して低燃費走行ができる

仕事で成果を出す人は、時間だけでなく「燃費」にもこだわります。仕事の効率を考えると、無駄な体力や集中力を使わずに、できるだけ低燃費走行したいですよね。

そのためには、**ルーティーンを組むことが大切です。**ルーティーンにしてしまえば、あとは流れでタスクをこなしていけるので、さほど考え込むことなく作業に取りかかれます。そうすることで、エネルギーの無駄遣いを防げるのです。

例えば、休憩明けには必ずタスク確認と作業準備から入るとか、定型の作業は自分独自の作業マニュアル通りに進めるなど、自分流のルーティーンを作りましょう。

スポーツの世界では、ルーティーンは集中力を高めるための儀式としても使われます。決まった所作を行うことで平常心を取り戻し、落ち着いて作業できるというメリットがあるのです。上手に使いこなしたいですね。

④計画する時間を計画している

時間の使い方がうまい人を眺めていると、意外と考え事をしている時間が長いように見えます。手帳を開いたり、パソコンのカレンダー機能を開いたりしながら、何かを考えこんでいるのです。

一見すると無駄な時間のように思えますが、これは作戦会議です。いつ、どこで、何をすれば時間効率が高まるか、あるいは何と何を組み合わせたら効率がよくなるかを考えているのです。**このような自分自身の作戦会議を、1日何度か行っています。**

私自身も時間の使い方を見直す際、手帳のタイムスケジュールページに計画する時間を組み込んでいました。私の場合は、朝（8：00）と昼（13：00）の1日2回です。仕事の予定を書き入れるより前に、「計画する」というタスクを手帳に書き込むのです。

時間効率を高めるためには、作業をぶっ通しでやった方がいいと考える人もいますが、効率が上がる計画を立ててから、それを実行する方がよっぽど作業が早く終わります。まさに「急がば回れ」ですね。

⑤振り返り習慣を身につけている

振り返りを行うのと行わないのとでは、時間の使い方に雲泥の差が生まれます。今日はどのような1日になったのか、点数をつけると何点くらいになるのか、もう1点上げるとしたら何ができるのか、少し時間を取って振り返ってみましょう。そして、1週間の時間の使い方も同じように振り返ってください。振り返りは夜か、朝に予定を確認するタイミングがお勧めです。

振り返りの精度を高めるためには、その日に行ったタスクだけでなく、**そのタスクにどれくらいの時間がかかったのか、記録を残しておきましょう。**特に、初めての仕事やたまにしか行わない仕事は、次に行う際にかかる時間の目安がわかるので、できるだけ正確に記録しておいてくださいね。

⑥おひとりさま時間も予定に入れている

多くの人は、会議や打ち合わせ、客先訪問などの「誰かとの約束」しか、予定に入れません。しかし、1人で行う仕事こそ、きっちり管理すべきです。よほど忙しい営業職か販売員の方でない限りは、1人の仕事時間の方が多いはずです。

時間の使い方がうまい人は、この「おひとりさま時間」をきちんと組み立てているた

め、突発的な頼まれ仕事を、引き受けられるか否か、引き受けるとしたらどの時間帯なら大丈夫かがすぐわかります。そのため、「できると思ったのに無理だった」とか「こんなに時間がかかるとは思わなかった」という失敗もなく、スマートに仕事を進められるのです。

⑦着手日時で締め切りを守っている

時間の使い方がうまい人はタイトなスケジュールなはずなのに、なぜか余裕があるように見えます。その理由は、**自分の仕事を「締め切り日時」ではなく、「着手日時」で管理しているからです。**逆に、常に締め切りに追われている人は、着手日時を手帳やスケジューラーに入れていないため、ギリギリで慌てるのです。

「入れていないだけで、着手すべきタイミングはわかっている」と反論したくなる人もいるかもしれませんが、「記入しているか否か」が重要なのです。仕事は1つではありません。複数同時にこなしていくものです。つまり、締め切りがたくさん存在します。裏を返せば、着手日時もその数だけあるのです。

着手日時なら変更可能ですが、締め切りは勝手に変更できません。着手日時を少しゆとりを持って書くことで、スケジュールに余裕が生まれます。しかし、締め切りで管理していては、ゆとりは生まれません。この差が大きいのです。

⑧他者を巻き込むのがうまい

1人で仕事をするよりも、複数人で仕事をする方が圧倒的に早いということは、当たり前ですよね。しかし、時間に追われている人は、高確率で仕事を1人で抱え込んでいます。「頼むのが申し訳ない」「負担をかけられない」という思いやりや配慮から1人で抱え込むのでしょうが、それが時間効率を悪くする原因でもあります。そもそも仕事はチームで行うものです。もちろん、自分が1人で請け負うべき仕事については別ですが、チームで分担する方が圧倒的に効率的です。特に、チームリーダーや管理職など、プロジェクトを率いる立場ならなおさらです。

他者を巻き込むのがうまい人は、頼み方が上手です。引き受けてくれる人にもメリットがあることを、きちんとわかりやすく説明します。また、困った時の相談や、感謝の言葉をかけるタイミングも適切なため、信頼される人が多いのも特徴的です。**周りの人に仕事を頼めるように、人間関係を良好に保っておくことも大切ですね。**

⑨メンタルマネジメントができている

仕事でミスや失敗をすると、気持ちの面から時間を浪費してしまいます。人は感情の動物とも言われます。気持ちが沈んでいると、集中力やモチベーションが低下し、仕事も捗《はかど》りません。

時間の使い方がうまい人は、立ち直りが早い傾向があります。気持ちを切り替えて、ミスや失敗をいち早くリカバリーしたり、別の仕事に取り組んだりできるのです。このことが、仕事の時短につながります。

⑩リスクマネジメントがぬかりない

ミスや失敗をするとメンタルをやられるだけでなく、そのリカバリーに時間がかかってしまいます。しかし、仕事にミスや失敗のリスクはつきものです。だからこそ、**「リスクとどう向き合うか？」が、時間を管理する上で大きく影響してくるのです。**

時間の使い方がうまい人は、常にリスクを想定しています。そういう意味では、ネガティブな考え方の人の方が仕事効率はいいとも言えますね。ある程度リスクを想定して、リスクを実現させないための予防策と、発生時の対策をきちんと立てておくことが、万が一のタイムロスをなくしてくれるのです。

時間の使い方がうまい人の特徴

①目的・目標・手段をきちんと考えている
②タスクを細分化して行う
③ルーティーン化して低燃費走向ができる
④計画する時間を計画している
⑤振り返り習慣を身につけている
⑥おひとりさま時間も予定に入れている
⑦着手日時で締め切りを守っている
⑧他者を巻き込むのがうまい
⑨メンタルマネジメントができている
⑩リスクマネジメントがぬかりない

時間管理を楽にしてくれる便利ツールたち

平日にせよ、休日にせよ、予定を組んでそれを守っていくことはとても大切です。それを助けてくれるツールを、私自身がよく使う3つに絞って紹介します。

①タイムスケジュール管理ができるシステム手帳

時間管理を進めていくためには、細かくスケジュールを書き込める手帳が必要です。30分から1時間単位で書き込めるものがいいでしょう。

大抵の手帳は、「カレンダーページ」と「タイムスケジュールページ」に分けて記載できるようになっています。カレンダーページでは、何月何日に何があるのかを把握できるように、できるだけシンプルに書き込んでいきます。そして、タイムスケジュールページに予定を細かく記入します。

カレンダーページだけで管理した方がやりやすいという人もいますが、**自己投資や家族との時間をしっかり確保するなら、タイムスケジュールページは必須です。**カレンダーページだけで管理しようとすると、ごちゃごちゃとして見にくくなりますし、結果として予定をすっぽかしてしまったり、ダブルブッキングをしてしまったりするリスクが高くなります。また、時間のゆとりが見えないため、細かいタスクの処理時間も不明確になります。きっちりとタイムスケジュールページを使いこなしましょう。

自分1人の作業時間（自己投資や趣味も含めて）や家族との予定もしっかりと記入して、仕事も自己投資も家庭の時間も含めた、絶対的な1日を作り上げてください。

②リマインダー（スマートフォンの機能）

手帳で時間管理をする場合、手帳が開けないと予定の確認ができませんが、**スマートフォンのリマインダー機能があれば、ポップアップで予定を通知してくれます。**スマートフォンはだいたい肌身離さず持っていることが多いので、重要な予定や忘れそうなものはリマインダーに入れておきましょう。

カレンダーアプリ（Googleカレンダーや TimeTreeなど）を使う際にも、事前に通知が出るように設定できますので、確実に間に合う時間に通知が出るように、セットするのがお勧めです。

③キッチンタイマー

極度に集中したり、作業に没頭したりすると、次の予定をすっかり忘れてしまうことがあります。それを防いでくれるのがキッチンタイマーです。百円ショップなどで販売されている、予定の時間をセットするだけのシンプルな機能で十分です。

スマートフォンの機能でもいいのですが、手元に置いておくと、ＳＮＳやメールの通知など、余計なお知らせが目に入り集中力が落ちてしまいます。それを防ぐためにも、シンプルなキッチンタイマーの方が向いています。

時間管理が楽になる３つのツール

①システム手帳

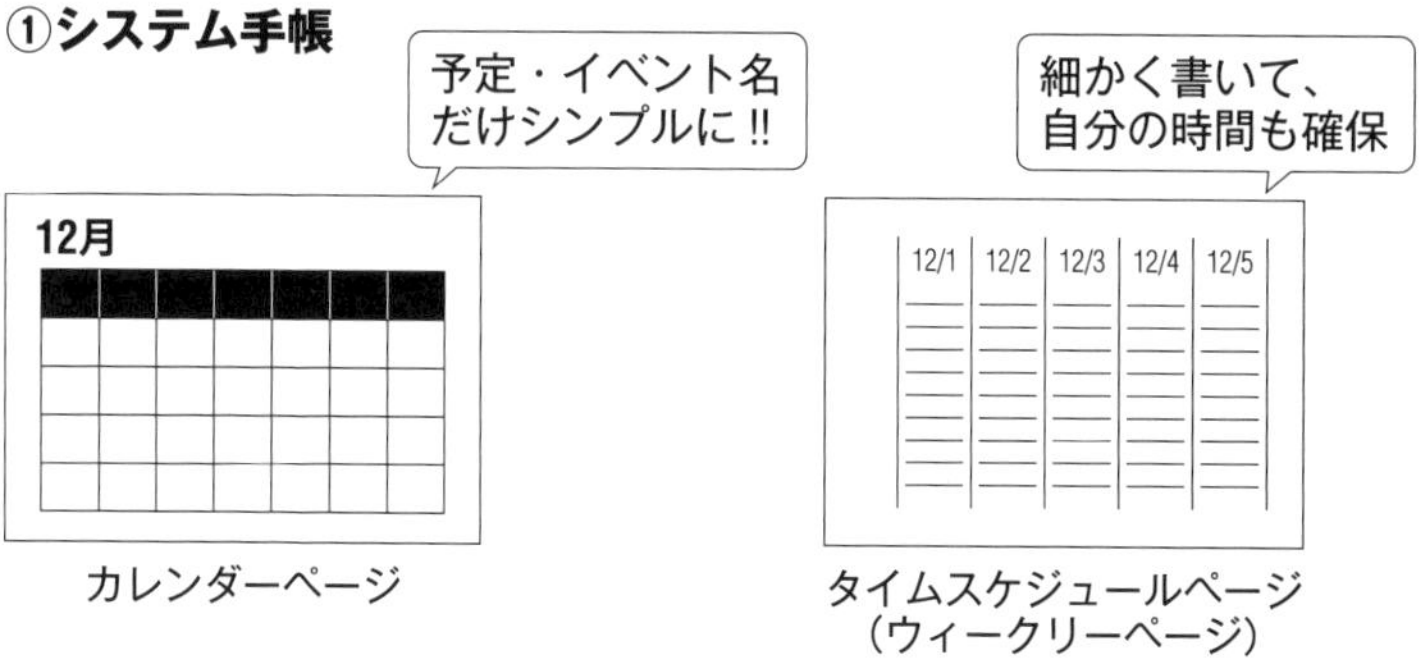

②リマインダー

③キッチンタイマー

子育て経験が仕事の効率を上げてくれた話

子育て中のママやパパは、今まさにすばらしい学びの真っ只中だと思って間違いありません。

私には4人の子どもがいますが、子育て経験は仕事の効率を高めてくれましたし、研修やセミナーで教えてきた子育て世代の受講者も、同じように言っています。

そのポイントを3つ紹介しますね。

①すべてに諦める力がつく

「諦める」というと、一見マイナスなイメージを持つかもしれません。しかし、これはタイムマネジメントの基本と言っていいでしょう。

忙しくなり作業量が増えるほど、優先順位をきちんとつけて、やるべきこと、やらないことを決めておかないと、困った事態に陥ります。例えば、重要な仕事の締め切りが守れない、大事な約束をすっぽかしてしまうなどです。

子育てをし始めると、やることが盛りだくさんになります。やるべきこと、やらないことを線引きしていかないと、時間がいくらあっても足りません。初めての子育てでは、この線引きがうまくいかず、かなりしんどい思いをしますが、2人目3人目となってくると、**「何をやらないでいいか」がはっきり見えてくるため、時間効率が上がるのです。**

②視野が広くなり、業務改善のポイントが見えてくる

子育ては優先順位をつけて、やらないことを決めるだけでは手が足りず、複数同時にタスクをこなすことも求められます。基本、子どもをあやしながら家事をしなければなりません。そうなると、無駄な動きは徹底的になくしたくなります。その結果、家電製品や家具の位置を変えるなど生活動線を見直したり、効率がよくなる家事の組み合わせを考えたりします。

これらの考え方は、そのまま職場の業務改善にも役立ちます。忙しいために、**一段上か**

ら見るような広い視野が身につき、時間効率をよくするための発想ができるようになるのです。

③人を育てることの本質が理解できる

子どもだけでなく部下や後輩にも言えることですが、人を「育てる」ことの本質は、「できない」を「できる」に変えるサポートです。2〜3歳くらいになると、子どもは何でも自分でやりたがります。子育てに忙しさを感じている両親は、つい自分が手を出して、何でもやってあげたりします。すると、子どもは最初嫌がりますが、徐々に甘えて、自分ではやらなくなってしまうのです。逆に、そこに時間をかけて、「自分でできる喜び」を感じさせてあげると、どんどん自分でやってみるようになります。自分で考えて「できない」を「できる」に変えていくんですね。

最初はもどかしいでしょうが、余計な手出しをせずに成長を見守り、**自分でできる喜びを感じさせることが、のちに時間効率を高めてくれます。**

子育てで感じるジレンマは、そのまま仕事に役立つヒントをくれますので、めんどくさがらずに、しっかりと子育てに取り組んでもらいたいものです。そして、この子育ての経験は、いろんな人とコミュニケーションを取る上でも、とてもいいネタになってくれます。人間関係を円滑にしていく上でも役立ちますので、一石二鳥ですよ。

子育てと仕事を両立させるコツ

子育ては仕事効率の向上に役立つとは言うものの、大変で、とにかく忙しいものです。そのせいでメンタルを病んでしまう親御さんも多くいます。

特に、最近は核家族が圧倒的多数で、おじいちゃん、おばあちゃんの手を借りにくい環境です。何とかして、時間をうまく使うコツはないでしょうか。考えていきましょう。

時間管理という観点からは少しズレますが、最近の育児サービスは、結構充実しています。自治体が運営している子育て支援センターに行けば、健康相談、育児相談、保健師の家庭訪問、ベビーシッター、一時預かり、病児保育、ママサークルなど、様々な情報が手に入ります。育児に悩んでいる人の駆け込み寺と言ってもいいでしょう。ここで得た情報を活用し、使えるサービスはどんどん使うことをお勧めします。

「子育ては親がすべきもの」と頑《かたく》なにサービスを拒絶していると、育児ノイローゼになってしまいます。頼めるものは頼んでいきましょう。そうすることで、時間にゆとりができて、仕事に集中できたり、自分の時間を増やしたりできます。

このことは仕事でも同じで、頼める先があるにもかかわらず、自分1人で仕事を抱え込む人ほど、メンタルの不調が現れやすいのです。

このように、**「頼めるものは頼む」という決断ができるようになると、時間のゆとりを生み出せるようになりますよ。**

職責で変わる時短の条件

これまで多くの人にタイムマネジメントの考え方をお伝えしてきて、気づいたことがあります。それは、職責や経験などによって時間短縮になる条件が異なるということです。「新人・若手層」「中堅層」「管理者層」の3階層に分けて、それぞれ時短に必要な条件を見ていきましょう。

「新人・若手層」に必要な条件は**「スキルアップ」**です。

初めての仕事は、ミスしないように慎重に時間をかけて取り組みますが、慣れてくればスキルも上達し、かける時間は短くて済みますよね。**スキルアップすればするほど、時間効率は上がっていきます**。専門知識を増やし、技術を磨き、経験を積んでいきましょう。

仕事の内容そのものも覚えることが多く大変でしょうが、スキルアップを怠らないようにしてください。

次に「中堅層」、この階層に必要なのは**「業務改善」**と**「後輩育成」**です。ある程度スキルアップし、個人的な作業スピードが高まった中堅層は、組織の時間効率も考えていく必要があります。業務の目的や目標から、仕事の進め方を見直し、改善案を積極的に出しましょう。

また、1人で仕事を抱え過ぎるとパフォーマンスが低下しますので、簡単な仕事から後輩に振っていけるよう、後輩育成にも力を入れてください。後輩に任せるのは気が引けますし、自分でする方が早いと考えがちでしょうが、「組織力」を意識してくださいね。

最後に「管理者層」ですが、**「リーダーシップ」**の一言に尽きるでしょう。

組織のパフォーマンスを最大化し、できる限りその状態をキープすることが、組織の時間効率を高めてくれます。それを実現するのが管理者層の役割であり、部下のみんなが気持ちよく、前向きに働けるような環境作りが大切な仕事になるのです。

しかし、「あれしろ」「これしろ」と細かく指示しすぎたり、「あれはダメ」「これはダメ」と行動を制限しすぎるのはやめましょう。管理が厳しくなるほど部下は萎縮し、ミスが頻発したり、いちいち確認が必要になったり、かえって時間がかかってしまいます。

そう考えると、「どう管理（マネジメント）するか？」から「どう導く（リード）か？」への発想の転換が大切ではないでしょうか。組織全体のあるべき姿を考えて、大きな視点から、生産性の高い組織作りを進めていってください。

職種別の時短テクニック

業種や業界によっても、時間短縮のポイントに違いがあります。あなたの業種や業界とは違うけど、役立つものもあるかもしれません。職種別の時短ポイントを見ていきましょう。

医療・介護系

私は新卒で製薬企業に入社し、13年間ＭＲ（医薬情報担当者）として、医療機関や薬局薬店とお付き合いをしていました。医療・介護系の方は、人の命や健康を扱うため、１つのミスがまさに命取りとなります。そうかといって、石橋を叩いて渡るように、じっくりと時間をかけて仕事ができるような環境でもありません。

そんな医療・介護系で働く人たちにとって、時間短縮のポイントは『**連携強化**』にあります。報告、連絡、相談に加えて、指示、確認、引き継ぎ、状況に応じて提案まで、連携強化のためのコミュニケーションが、時間短縮に大きく影響します。

例えば、看護師さんが医師の指示を聞き間違えたり、引き継ぎミスで必要な処置を行わなかったりしたら、大変なミスにつながってしまいますよね。「チーム医療」とも言われますが、お互いに動きやすいコミュニケーションを取る力が重要なのです。

営業・販売系

営業・販売系の仕事は、比較的時間の融通がききます。しかし、その分自己管理ができなければ、時間効率に大きな差ができてしまいます。どのようにすれば、成果を出しながら時間効率を高められるのでしょうか。

逆説的ですが、営業・販売系では時短を望まない方が、短い時間で成果を出すことにつながります。しっかりと戦略を練り、一歩一歩確かめながら、再現性の高い営業や販売ノウハウを築き上げていくのです。

私の場合は、周りが1日十数軒訪問していた中、平均3軒程度で社内成績No.1を取ることができました。お客さんが何に困っていて、どのようなアプローチをかけると振り向いてくれるのか、徹底的に考え抜いて、営業をしていたのです。そこに近道はありません。お客さんと本気で向き合っていきましょう。

しかし、本分のお客さんとの関わり以外では、細かいところまで時間短縮に努めましょう。例えば、移動時間の過ごし方です。**公共の交通機関を使うなら、情報収集や報告書作成などができます。自分が運転する場合も、耳からのインプットはできるはずです。**私は運転しながら、オーディオブックを聞いています。営業や販売の仕事は、意外と隙間時間が取りやすいものです。やるべきことは後回しにしないで、隙間時間を有効に使っていきましょう。

企画・クリエイター系

考える仕事が多い企画・クリエイター系の方は、特に時間管理が難しい職種でしょう。考える仕事は時間を区切っても、時間通りにアイディアが出てくるとは限りません。しかし、工夫の余地は大いにあります。

いいアイディアって、ふとした瞬間に出てきたりしませんか？　例えば、帰宅途中とか、仲間と談笑している時とか、トイレやお風呂の中など。リラックスした瞬間に、フッといいアイディアが浮かんでくることが多いのです。このアイディアを浮かばせるのにも、コツがあります。

そのコツとは、**時間を決めて考え抜くことです。**その際、他の仕事が入らないように、高い集中を保つ必要があります。1時間でも2時間でも結構です。時間を決めたら、紙と鉛筆を用意して、ひたすら頭に浮かんだことを書き出していきます。具体的なアイディアは後で出てきますから、まとめる必要はありません。

この作業を例えるなら、植木鉢に種を蒔き、水を与える作業です。種を植えずに芽は出ませんよね。決めた時間の中で、アイディアの種蒔きと水やりをすることで、後になって良いアイディアの芽が出てきます。書類作成や定型の事務作業など、目の前の進捗がわかりやすいタスクに逃げずに、しっかりと考え抜く時間を確保してみてください。

IT・エンジニア系

正確さが問われるエンジニア系の方は、**作業スピードの向上が時間短縮に大きく影響します。**しかし、目先の作業に追われて、大切な目的や目標を見失ってしまっては、手戻りというリスクが発生してしまいます。例えるなら、地図を見ずに目的地まで走っているようなものです。「だいたいこっちで合っているだろう」と進むうちに、目的地から大きくそれ、後になってかなりの遠回りをしていることに気づくのです。

取り組むべき作業に没頭することは大切ですが、時々、作業の手を止めて、**現在の進行で間違いないか、他に気をつけるべき点や見落としはないかと振り返りをしましょう。**目的や目標に立ち戻りながら、現在の作業工程を見つめ直す時間、つまり地図を確認する時間をとってみてください。完成してからよりも、途中の方が変更しやすいことが多いですし、精神的ショックも少なくて済みます。トータルの時間を考えれば、立ち止まる時間も必要ですよ。

保育・教育系

保育・教育系では日常的なタスクに、どのような優先順位をつけていくかが重要なポイントとなってきます。以前、ある市の教育委員会主催のタイムマネジメントセミナーでアンケートを取らせていただいたところ、「優先順位をつけているつもりが見当違いでした」「優先順位のつけ方を間違えていました」という感想がとても多かったのです。

「締め切りの近い順に」とか「言われたものを片っ端から」という発想ではなく、**重要度と緊急度のバランスを見て優先順位を決めてください。**それが結果として、効率のいい時間の使い方や、長い目で見た時間短縮を実現させてくれます。

タスクをコントロールできるものとできないものに分けて、できるものから順に手をつけていくことも大切です。学校行事、特に地域と連携する行事に関しては、どうしても決定が遅れがちになります。例えば、地域のイベント会場に当たった学校は、そのイベント日には学校の行事を入れられませんし、準備に駆り出されることもあります。そのため、地域イベントがある月の行事は、決定が遅れることが多々あります。しかし、単体でできることがあれば、そちらを先に手配していくことで先手が取れます。

事務系

事務を専門的に行う方は、とにかく作業スピードが勝負です。手戻りは避けたいので、ミスは少なければ少ない方が時間効率は高まります。つまり、「速さ」と「正確さ」が同時に求められるのです。

となると、普段使っているWordやExcelなどの**ソフトに関する知識が、まず必要になってきます。**それだけではなく、そのスキルを存分に発揮できるよう、**仕事の完成イメージをはっきりと描く力も必要です。**

そのためには、ロジカルシンキングが役立ちます。仕事の依頼主や上司が話す内容を論理的に整理しながら聞き取り、仕事の完成形を頭の中で組み立てていきます。その際に疑問があれば、相手からしつこいと思われるくらい、しっかりと確認しておきましょう。また、自分で描いた完成形が相手のイメージと合っているか、すり合わせをすることも大切です。仕事の完了まで、細やかな報告・連絡・相談を心がけ、疑問の解消や軌道修正は素早く行えるようにしてください。

サービス系

ここでいうサービス系というのは、飲食店や旅行関係などの仕事を想定しています。このような仕事では、**顧客満足度を上げること**が重要になってきます。

どの仕事にもつきものではありますが、サービス系の仕事ではクレーム発生頻度が、他と比べて高い傾向にあります。クレーム対応は、どれくらい時間がかかるか読めないタスクです。また、ストレスもかかり、クレームが解決した後も作業効率は落ちてしまいます。ただし、避けては通れない仕事でもありますので、その発生頻度を下げたいですよね。その1つが顧客満足度を上げることなのです。お客さんが喜んでくれる段取りを抜かりなくやっていきましょう。

第4章

ルーティーンという時短戦略

習慣が変われば人生が変わる

「性相近也、習相遠也」

これは、『論語』に出てくる「生まれ持ったものはほとんど同じだが、身につけた習慣によって大きく差が開く」という意味の言葉です。生まれたての赤ちゃんは1人では何もできませんし、幼い子どもはほぼ似たり寄ったりですよね。しかし、年齢を重ねるにつれて様々な違いが出てきます。遺伝によっても差があることは確かですが、自分らしい成功や幸せを実現するのであれば、持って生まれたものはあまり関係ありません。それよりも、生まれ持ったものをどう使うかが重要です。

自分の成長につながる行動は、一度限りではなく、繰り返し行う『習慣』にしなければなりません。孔子と同じく紀元前の偉人、哲学者のアリストテレスもこんな言葉を残しています。

「人はものごとを繰り返す存在である。つまり優秀さとは、行為ではなく習慣になっていなければならないのだ」

頭のいい同級生、仕事のできる同期などを間近で見ると、「才能の違いかな」と思ってしまいますが、それはもしかしたら**『習慣』の違いかもしれません。**毎日継続して続けていれば、何事もずいぶん上達するものです。

ところで、習慣を変えていくためには何が必要でしょうか。当然、行動を変えていかなければいけませんよね。行動を変えるためには、どのような行動を、いつするのかを決めておく必要があります。そう考えると、**習慣を変えるためには、1日の使い方を見直し、身につけたい習慣をスケジュールの中に入れ込むことが第一歩と言えます。**そのスケジュールを毎日行っていくことで、習慣が身につき、人生が変わっていくのです。

私の場合、早寝早起きの習慣が身についたことで、ずいぶん変化がありました。

若いころは「ギリギリまで寝ていたい」という気持ちがあり、早起きは苦手でしたが、この習慣が身についたことで、1日が長く感じられるようになりました。

例えば、それまでは夜中までかかっていた報告書や調べ物を翌朝に回すことで、時間効率が格段に高くなりました。夜中に仕事をすると、眠気と集中力の低下でなかなか進みません。しかし、ぐっすり眠った翌朝ならば、出勤時間という締め切り効果も手伝って、短時間でパッと済ませることができるようになりました。

また、早起き習慣を身につけたころは、子どもが起きてくる前に読書をするなど、リラックスした時間を過ごせるようになり、落ち着いて仕事に取りかかれる環境が作れました。

たった1つの習慣を変えただけで、これだけ大きな変化が生まれたのです。

人生を変える6つの基礎習慣

ここでは、人生を変えてくれる6つの基礎習慣を紹介していきます。

その中でも最高のものは **「計画を立てる」習慣**です。習慣作りというのは根気のいる作業で、特に最初はうっかり忘れてしまったり、忙しさにかまけてしまったり、なかなか軌道に乗せられないものです。そうならないためにも、毎日意識する必要があります。

例えば毎朝手帳を開き、「今日は何時に何をするのか」「習慣にしたい活動はどの時間帯に行うのか」を計画できれば、うっかり忘れたり、忙しさにかまけることもなくなるでしょう。そういった意味で、**計画を立てる習慣は、すべての習慣作りの鍵を握っているのです。**絶対に身につけておきましょう。

その次に重要な習慣は、私の例で挙げた**早寝早起き習慣**です。土日や祝日に関係なく、一定の時間に寝て、一定の時間に起きることを強くお勧めします。これが、生活リズムを作るベースになるからです。「休日くらいはゆっくり寝ていたい」「週末くらいは夜更かししてもいいのでは？」と思うかもしれませんが、その考えが習慣を崩壊させてしまいます。

学生時代に経験しませんでしたか？「よし、毎朝30分早く起きて勉強しよう！」と意気込んだものの、休日になると「早く起きる必要もないか」なんて生活リズムを戻したが最後、もう早起きはめんどうになってしまいますよね。

習慣というのは、例外をなくす方が早く身につきます。「たまには」とか「これくらいは」という妥協は一切しない覚悟を持ちましょう。

その他、仕事がうまくいくために、絶対に取り入れておいてほしい習慣を、4つ紹介します。**運動習慣**、**読書習慣**、**心を落ち着ける習慣**、そして、**新たな人と出会う習慣**です。

身体的な健康があってこそ、仕事でも私生活でも十分な活動ができるのです。運動習慣は、その健康を保ってくれます。学生時代の部活動のように、誰かと競う必要はありません。**精力的に活動できるよう、適度な運動を心がけましょう。**

具体的には、ウォーキング、ジョギング、筋トレ、ヨガなどです。適度な運動を習慣づけることで免疫力も高まり、感染症にもかかりにくくなります。健康状態は集中力や精神力にも影響しますので、良い状態を保てるよう気を配りましょう。

読書習慣は知識を蓄え、考える力を養ってくれます。また、語彙力が高まるため、コミュニケーションスキルも向上します。読むジャンルによって目的も変わってくるでしょうが、本書のようなビジネス書や実用書、あとは小説もお勧めです。

ビジネス書や実用書は、まさに知識やノウハウの宝庫です。仕事や私生活にそのまま使えるものも多いでしょう。小説は比喩や表現のパターンがたくさん学べますし、ストーリーに没頭することで、心と頭をリフレッシュさせる効果もあります。

基本は興味のある本を読んでいただければ結構ですが、**あえて興味のないジャンルの本を手に取ってみるのもありです。**想定外の知識と出会えるかもしれません。

心を落ち着ける習慣は、メンタル強化に効果があります。具体的には、運動でも紹介したヨガや瞑想です。少しハードルが高いと感じるかもしれませんが、ヨガの代わりにストレッチ体操でも構いませんし、瞑想の代わりに深呼吸をしたり、静かに自然の音に耳を傾けたり、あるいはお風呂でゆったりするのもいいでしょう。難しく考えず、**何にも邪魔されずに、リラックスできる時間を持つことが大切です。**

新たな人と出会う習慣ですが、これには2つの目的があります。1つは刺激、もう1つは人脈構築です。

特に会社員の方は、仕事が忙しくなればなるほど、社内の人としかコミュニケーションを取らなくなりがちです。そうなると、どうしても同じ考えの人に近づいてしまい、視野が狭くなります。これを防ぎ、さらに視野を広げるためには、**他社の人、特に異業種の人とのコミュニケーションが役立ちます。**社外で色んな人とつながりが持てれば、それが人脈となり、新たなコラボレーションが生まれるなど、仕事にも良い影響が出てきます。

このように、すべての習慣のベースになる計画立て、早寝早起きの2つと、身体、頭脳、精神、社会的つながりを支える4つの習慣を身につけることで、仕事の効率は高まっ

人生を変える６つの習慣

○計画を立てる ○早寝早起き	すべての習慣のベース
○運動 ○読書 ○心を落ち着かせる（ヨガ、瞑想など） ○新たな人と出会う	身体 頭脳 精神 社会的つながり を支える

ていきます。将来の自分を助けると思って、絶対に身につけていきましょう。これが身につけば、人生は必ず変わります。

習慣は強いメンタルも育ててくれる

良い習慣を身につければ、良い人生が送れるようになるとわかっていても、なかなか思うように身につかないものです。運動にしても、読書にしても、あるいは音楽や絵画などの趣味にしても、途中で挫折する人は多いでしょう。

しかし、だからこそ長く継続できることで大きなメリットがあります。それは**「強いメンタルを育ててくれる」**ことにほかなりません。

「自己肯定感」という言葉を、最近よく聞くようになりました。これは「自分には価値がある」と思える感覚のことで、自分の存在を肯定的に捉えられている状態です。

自己肯定感が高いと、出来事や状況も肯定的に捉えられますし、失敗やミスなど落ち込んでしまう状況で、ポジティブになることができます。つまり、自然とポジティブシンキングができるようになるのです。状況や出来事を前向きに捉え、失敗やミスからも学び前進できるということを、「メンタルが強い」と表現しますよね。

良い習慣を身につけることは、すなわち「より良い自分になること」であり、自分の価値を感じやすくなります。三日坊主を経験したことがある人なら、それを乗り越えた満足感と相まって、自己肯定感は高まります。結果的に、ポジティブシンキングが身につき、メンタルが強化されるのです。

また、運動習慣を身につける中で「もうひと踏ん張り」「最後まで出し切る」など、がんばる機会を多く経験することで、粘り強い性格も身についていきます。心を落ち着ける習慣を身につけられれば、苦しい状況に追い込まれても、冷静に対処できるようになります。これらもメンタルが強い人の特徴ですよね。このように、習慣を身につけることで、自ずと強いメンタルは育まれていくのです。

出だし勝負！
意志力に頼らない習慣の作り方

習慣を身につける上で、重要なポイントもお伝えしていきます。

多くの人が習慣作りに挫折してしまうのはなぜでしょうか？　習慣を身につけたいと思って始めるわけですから、モチベーションが低いわけではありません。何が問題かというと、「成果」を気にしすぎるのがまずいのです。

例えば、ダイエットで考えてみてください。ダイエットを始めると、何日でどのくらい痩せるのかが気になってしまいますよね。毎日体重計に乗って、どのくらい変化したかいちいち気になって確認します。しかし、すぐに体重は減りません。それなのに「成果が見えないのなら、やっても仕方ない」とすぐに諦めモードに入ってしまう人は多いです。これは、学習にしても趣味にしても、仕事においても同じです。成果にばかり目を向けると、なかなか表れない成果にヤキモキして、諦めてしまうのです。

習慣を身につけていく際には、成果には目をつむりましょう。**成果ではなく、自分がどれだけ時間を費やせたかだけに注目してください。**例えば、「今日は15分間運動した」「10日連続で読書時間が取れている」といった具合です。習慣が実を結ぶのは、だいぶ先の話です。だからこそ、習慣にしなければいけないのです。目先の結果に一喜一憂せず、将来的な長いスパンで「継続すること」に全力を尽くしましょう。

習慣作りで最も重要なのは、「苦にならないこと」です。つまり、抵抗を減らして、サラッと取り組めるようにする「仕掛け」を作ることが必要です。そのためには、「どの時間帯が最も確保しやすいか」と「何と組み合わせれば忘れないか」を考えましょう。例えば、歯磨きもそうです。多くの人は朝、昼、夜の3回、食後に歯を磨きますよね。時間帯と組み合わせが決まっているから、忘れずに毎回取り組めているのです。

例として、私の「仕掛け」を紹介しておきます。

筋トレを習慣にした際、仕事の都合上、夜は時間が作れるかがわかりませんでした。しかし、早朝なら確実に時間を確保できたため、毎朝5時から6時を筋トレタイムに充てました。その後に朝食を食べるのですが、運動後の食事はとてもおいしく感じます。これが楽しみとなり、継続が簡単になりました。

このように、最も確保しやすい時間帯と、組み合わせる既存の習慣を見つけると、ラクに習慣を作ることができます。

『モーニングルーティーン』でスタートダッシュ

本書でたびたび登場する「習慣」と「ルーティーン」という言葉の定義を、整理しておきましょう。本書では、毎日行うことが当たり前となっているものを「習慣」、いくつかの活動を1日の中で行う手順のことを「ルーティーン」としています。例えば、毎日本を読むことは読書習慣であり、寝る前に必ず30分読書することは、寝る前のルーティーンです。

ここからは朝、日中、夜に分けてルーティーンの組み方を紹介していきます。

前述したように、「朝活」という言葉が、随分と定着してきたように思います。経営者や管理職、あるいはフリーランスの間では、朝活をすることは常識となりつつあります。何をするにせよ、朝活には多くのメリットがあります。ここでは、そのうち3つを紹介します。この朝活を、習慣の一部にしてください。

①自己肯定感が高くなる

これが数あるメリットの中でも、私は最高のものだと考えています。前述のように、多くの人がまだスヤスヤと眠っている時間に起きて努力をしている自分自身を、誇らしいと思えますよね。1日の始まりから、もう達成感を味わうことができるのです。これだけでも、朝活を毎日に取り入れる価値は十分あると思いませんか？

②自分を整える最高の時間になる

朝は何かとドタバタします。特に寝坊した時などは、時間のスピードがいつもの倍速になっているのではないかと感じるほどです。

若いころの私は、その日の予定に合わせてギリギリまで寝るような生活をしていたので、毎日がドタバタで、いつもイライラしながら仕事に出かけていました。しかし、毎朝早く起きて朝活をするようになってからは、時間にも心にもゆとりができました。やるべきことをいくつかこなしてから仕事をスタートできるので、スムーズに仕事に入れます。

スポーツでいうところの、ウォーミングアップが完了した状態です。しっかりと準備が整った状態でスタートが切れれば、毎日が充実することは言うまでもありません。

③効率よく成長できる

疲れてエネルギーがなくなってしまう夜と違って、朝はエネルギーに満ち溢れています。また、仕事時間が待ち受けている分、ダラダラと続けることができません。つまり、「締め切り効果」が働きます。締め切り効果とは、締め切りが迫るにつれ集中力が高まることを意味します。危機的状況でいつも以上の力が出ることを「火事場の馬鹿力」とも言いますよね。この締め切り効果をうまく活用できるのが、仕事前の時間なのです。エネルギーも十分で集中力も高まれば、自ずと効率は上がります。

このようにメリット盛りだくさんの「朝活」を含めて、あなたならではの『モーニングルーティーン』を作ってみましょう。

その具体的なルーティーンを紹介します。**起きる時間の目安は、家を出る2時間前です。**8時に出かけるなら6時、7時半に出かけるなら5時半に起床しましょう。そして、

10〜20分程度、目覚まし活動を行った後、1時間程度の朝活に取り組みます。そして、出かける40〜50分前に朝食と身支度を済ませて、ゆとりを持って家を出ましょう。

朝活の活動内容は何でも結構で、日替わりでも構いません。ただし、朝起きてから何をするか考えるのではなく、事前に決めておくことが大切です。考える時間はもったいないですし、いちいち考えていたら、めんどくさくなって二度寝してしまうリスクも上がりますからね。

「自分では決められない」という方のために、理想的なモーニングルーティーンを3パターン作りました。何から始めたらいいかわからない場合は、この3つから選んで行ってみてください。

※5分間のカンタン瞑想のやり方については、第5章で紹介します。

理想のモーニングルーティーン

①屋内で 30 分

起床 → ストレッチ（5分） → 瞑想（5分）
→ 読書（15分） → 予定チェック（5分）

②運動メインの 30 分

起床 → ストレッチ（5分） → ウォーキング（15分）
→ 瞑想（5分） → 予定チェック（5分）

③しっかり朝活 60 分

起床 → ストレッチ（10 分） → 瞑想（5 分）
→ ジョギング（20分） → 予定チェック（5分） → 読書（20分）

起きる時間の目安は、「家を出る２時間前」

『デイタイムルーティーン』でエネルギーチャージ

1日の使い方を考える上で、最も大切なのは『朝時間』ですが、日中の使い方も当然ながら大切です。

仕事は日中にしているという方が、ほとんどではないでしょうか。仕事をする時間は通常8時間。残業や通勤時間などを含めると、それ以上です。つまり、1日の1／3以上日中の時間を使うわけですから、このデイタイムをいかに充実させるかは超重要です。朝活も、考えようによっては、この仕事時間を有意義にするためのお膳立てと言えます。

そのデイタイムをよりよく過ごすためには、**適度な休息とリフレッシュが鍵になります**。どんな体力自慢でも、8時間ぶっ通しで、高い生産性をキープし続けることは不可能でしょう。

こんな譬《たと》え話があります。

2人の木こりが森で木を切っていました。

1人の木こりは、休憩を取りながら木を切っています。もう1人の木こりは、休憩も取らずに必死に木を切っていて、使っている斧は歯が欠けてボロボロです。一方、休憩を取りながら木を切っている木こりの斧は、刃こぼれなしでピカピカです。

そこを通りかかった旅人は、休んでいた木こりに声をかけました。「あなたはしっかり休んでいるのにかなりの木を切り倒していますね。何か秘訣があるんですか？」。すると、休んでいた木こりは斧を指差し、「切れ味が悪くならないように、休憩をしながら斧を研いでいるのです」と話してくれました。

旅人は休まず働く木こりに、この話を伝えにいきました。すると、「私は休む時間も斧を研ぐ時間も惜しい。このまま切り続ける」とぶっきらぼうに答えましたが、木を切り倒すペースは一向に上がりませんでした。

「刃を研ぐ」活動をしていけば、生産性を落とすことなく、休憩によって作業効率が上がります。仕事に例えると、休むことで集中力をとり戻し効率を上げることができるのです。

では、どのような休憩を取れば、「刃を研ぐ」活動になるのでしょうか。これは仕事の種類によっても変わってきます。ざっくりと頭脳労働系の方と、肉体労働系の方に分けて考えていきましょう。

企画を立てたり、戦略を練ったりする頭脳労働系の方は、血行を良くし、さらに気分転換もできるよう、ジョギングなど、少し心拍数が上がる運動を取り入れましょう。また、発想を柔軟にするために、脳トレのようなクイズやなぞなぞに挑戦してみるのも1つの手です。

肉体労働系の方は、身体を休めながら読書をしたり、考える時間をとったりするといいでしょう。また、身体を動かすにしても、疲れた身体をほぐすような柔軟体操に取り組んでください。

どちらにしても、**ただ単に休むだけではなく、普段使わない部分を使ってバランスを取るように休憩を取ってみましょう。**「週末や休日は『超回復』のチャンス!」で紹介したアクティブ・レストも参考にしてください。休憩のたびにリフレッシュして、集中力や体力を回復させることができれば、ぶっ続けで働き続けるよりも効率的に仕事が行えます。

私はこれまで研修で1万人以上に教えてきた経験上、「50：10」が最も集中力が保ちやすい、と考えています。**50分集中して、10分間休憩するというサイクルで仕事をするのです。**これは研修講師としての経験をもとにしていますので、該当しない仕事もあるかもしれません。しかし、集中力の持続に関して調べてみても、ほぼ合致します。医師の見解でも、集中力の限界は45分～90分程度であるという意見が多いようです。

休憩時間が長くなりすぎると、モチベーションの低下を招いたり、休憩前の仕事を思い出すのに時間がかかったりと逆効果になる可能性があります。仕事の内容にもよると思いますが、一度、「50分活動＋10分休憩」のサイクルで試しながら、自分に合った休憩サイクルを見つけてください。

職場環境によっては、自分のタイミングで休憩が取れない場合もあるでしょう。そんな時は、高い集中力が必要な仕事を50分行ったら、比較的集中力がいらない仕事を休憩がわりに10分行うようにしてください。集中して書類作成を50分行ったら、資料やデスク周り

「50：10」のサイクルをルーティーンに取り入れる

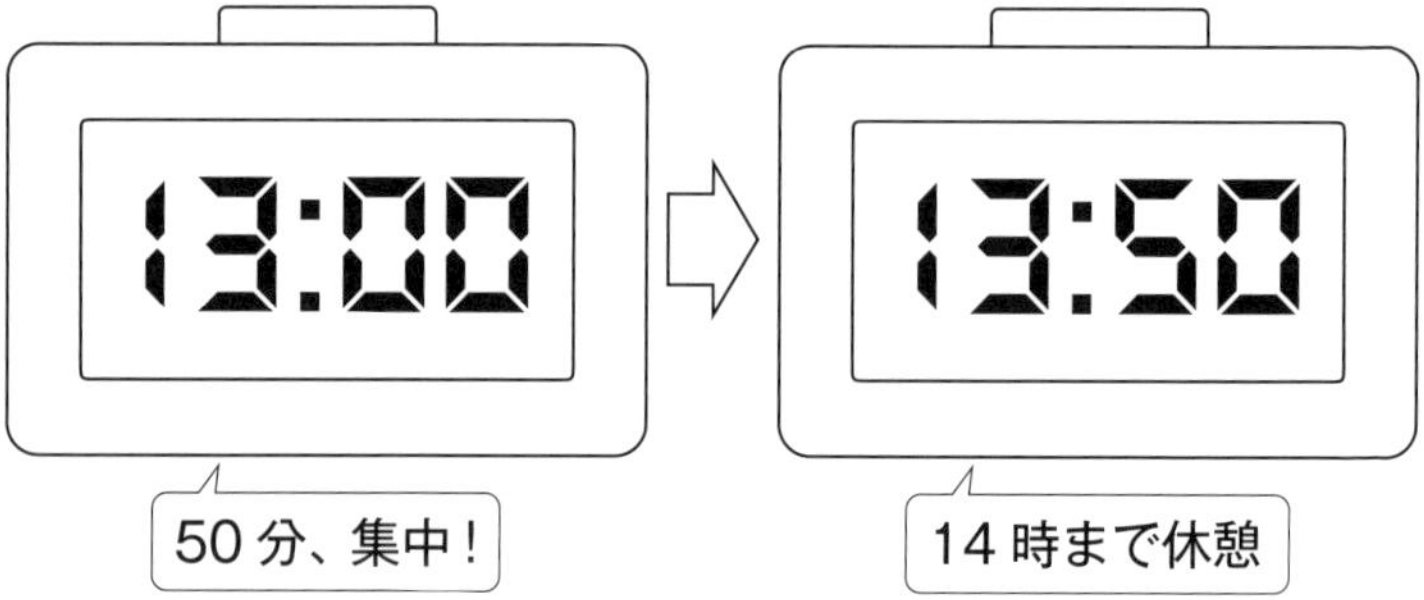

の整理整頓を10分行う、企画の考案を50分行ったら、メールチェックを10分行う、というような感じです。

『ナイトルーティーン』でリフレッシュ

仕事をうまく進めていくための仕掛けを、朝、日中と考えてきました。続いては夜です。夜の時間の過ごし方も、人それぞれ違いがあると思います。ヘトヘトになって帰宅し、カバンを放り投げてソファに横たわりテレビを見る人、入浴や食事を済ませてからのんびりと自分時間を過ごす人、帰ってからも家事や育児に大忙しの人など、十人十色です。

ここでは、しっかりと身体を休めながらも、翌日の仕事がうまくいく夜の過ごし方を紹介していきます。

ナイトルーティーンを作っていく上で最も重要なことは、**就寝時刻を決めることです。**就寝時刻を決めたら、どんなに忙しくてもそれを死守してください。

モーニングルーティーンを組んだ時に、起床時刻を決めましたよね。そこから必要な睡眠時間を引けば、自然と就寝時刻は決まります。

私の場合は、朝4時に起床します。必要な睡眠時間は6時間ですので、就寝時刻は22時です。朝5時に起きる方で、8時間睡眠が必要ならば、就寝時刻は21時ですし、朝6時に起きる方で、5時間睡眠で十分であれば、就寝時刻は1時です。睡眠時間は、あなたのパフォーマンスが最大化される長さを保ってください。日中に眠くなるようでは、仕事はうまく進められません。

時々、「仕事が忙しくて徹夜しました」と自慢げに話す方がいますが、単に時間を浪費しているか、あるいはそれ以前の時間の使い方を間違えているかのどちらかです。**睡眠時間を削って、仕事のパフォーマンスが上がるということはないと思ってください。**

就寝までにしておきたいことは、大きく分けて3種類です。**生活に必要な活動、翌日の仕事効率を上げる活動、自己啓発活動**に分けられます。

生活に必要な活動は、食事や入浴、家事や育児などです。翌日の仕事効率を上げる活動は、その日によって変わるでしょうが、最低限、翌日の予定や流れをチェックしておきましょう。自己啓発活動は、これまでも紹介してきたように様々なものがあります。就寝前なので、睡眠の質を落とすようなものはやめておきましょう。例えば、パソコンやスマートフォンの画面を見ることや、興奮して眠れなくなるような激しめの運動などです。そのような自己啓発活動は、翌朝のモーニングルーティーンに入れることをお勧めします。

ここからは、理想的なナイトルーティーンを紹介します。

帰宅後すぐは、翌日の仕事効率を上げる活動がお勧めです。翌日の予定や流れをチェックし、必要なものを準備しておきましょう。小中学生の時にも、「帰ってきたら、明日持っていくものを準備してから遊びに出かけなさい」とよく言われたのではないでしょうか。これは大人になってからも通用する習慣です。

それが終われば、続いて生活に必要な活動を行います。食事は就寝時刻の2時間前には済ませておきたいので、少し早めに取るのがいいでしょう。

それ以外は自己啓発活動とのバランスを考えながら、決めてください。大切なのは、**毎日同じ活動を同じ順序、同じ時間に取り組むことです。**最初は色々試しながら、自分に合ったルーティーンを組み上げていきましょう。

ただし、就寝直前はこれで決めてください。**1日の振り返りをする。**布団に入って、眠りに落ちるまでの数分間でいいので、必ず行ってください。振り返って欲しいのは、「今日、うまくいったこと、よかったことは何か?」「感謝できることは何か?」の2つです。

アメリカの心理学者ダニエル・カーネマンが提唱した『ピーク・エンドの法則』によると、過去の出来事は、ピーク時と終わり方によって印象が決まります。

1日のピーク時の出来事は、コントロールできません。仕事でうまくいく日もあれば、失敗してしまう日もあるでしょう。しかし、1日の終わりは自分でコントロールができます。寝る前の数分間で、その日の充実度を上げることができるのです。そうすると、睡眠の質と、自己評価を大きく上げることができます。結果として、翌日をスッキリと迎えられ、仕事もスムーズにスタートできます。振り返りを忘れそうなら、紙に書いて枕元に置いておくといいでしょう。

逆に、寝る直前にクヨクヨと悩んだり、後悔しながら眠りにつくと翌日の寝覚めが悪くなり、暗い気持ちで仕事をスタートすることになります。1日の振り返りは、ポジティブなことを考えるようにしましょう。

理想的なナイトルーティーン

一番大切なのは「就寝時刻」を決めること

帰宅

↓

翌日の仕事効率を上げる活動
- ○翌日の予定、流れをチェック
- ○必要な資料の準備

↓

生活に必要な活動
- ○食事、入浴、家事など
- ○食事は寝る２時間前が目安

↓

自己啓発活動
- ○読書、学習など
- ○パソコン、スマホを見ること、激しい運動は朝にまわす

↓

１日の振り返り
- ○「うまくいったこと」「感謝できること」を振り返る
- ○布団の中で考えればＯＫ

↓

就寝
- ○どんなに忙しくても決めた時刻は死守

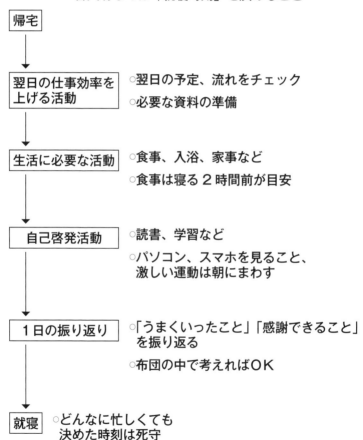

習慣とルーティーンで崩れない毎日を作る

ここまで習慣と、ルーティーンの組み方について紹介してきました。

習慣というのはなかなか身につかないと考えている方もいますが、実は、私たちは何かしらの習慣を身につけているのです。例えば、朝に顔を洗うことも習慣ですよね。良い習慣か、悪い習慣かの違いがあるだけです。あなたが身につけているのが悪い習慣であれば、それを良い習慣に書き換えることで、仕事も人生もうまくいきます。**仕事の出来や人生の幸福度は、能力や知識量ではなく、習慣で決まると思って間違いありません。**

朝起きてすぐやることの習慣、食事の習慣、仕事に取り掛かる際の習慣、人付き合いの習慣などなど、ありとあらゆることに習慣を持っているはずです。これらを見直し、良い習慣はそのまま継続し、悪い習慣はどんどん良いものに書き換えていきましょう。

そして、それらをルーティーンとして毎日に組み込み、歯磨きのように意識しなくても行えるレベルを目指してください。そこまで行けばもう大丈夫です。

時間の使い方を変えるというのは、『習慣を書き換えること』と言っても過言ではないでしょう。冒頭で確認してもらったように、現在、何にどのくらいの時間を費やしているのか、それは本当に自分に必要なことなのか、徹底的に考えて欲しいものです。そして、必要ないことに使う時間は、すべて必要なことに使う時間に変えてください。

「無駄だなぁ」と思う時間を多く過ごせば、自ずと人生が無駄になってしまいます。人生は時間でできています。良い習慣を身につけるべく、ルーティーンを作って、仕事も人生もうまくいく毎日を作っていきましょう。

第5章

脳科学・心理学からみるタイムマネジメント

脳科学が教えてくれる幸せの作り方

幸せを感じるとモチベーションも上がり、作業効率も上がります。もし、その幸せの実感が自分で作れるとしたら、どうでしょう。「何だかうさんくさい」と思うかもしれませんが、実は可能なのです。しかも、めちゃくちゃ簡単な方法で。

「セロトニン」という単語を聞いたことがあるでしょうか？　これは、脳内ホルモンの名前で、別名「幸せホルモン」と呼ばれています。セロトニンが分泌されていると、気持ちや感情が落ち着き、精神的にも安定します。不足してしまうと、ストレス障害やうつ、睡眠障害などの原因になりうることでも知られています。

ホルモンとは化学物質です。材料を集めて、化学反応を起こせば作り出すことができます。そして、その反応回路は、すでに私たちの体内に備わっています。私たちは材料を体内に入れ、反応のスイッチを押せば、幸せを実感することができるのです。この仕組みを活かせば、仕事のモチベーション、作業効率を上げることができます。

セロトニンの材料は、主にトリプトファンです。これは必須アミノ酸の1つで、タンパク質に含まれます。必須アミノ酸ですので、体内で合成されません。つまり、食事やサプリメントなどで摂取しなければならないのです。

その反応を助けてくれるのが、ビタミンB6。これは体内（腸内細菌が産生）でも合成されますが、食事で摂るなら魚や肉、果物（バナナが良いとされている）が一般的です。

反応のスイッチとなるのは、日光を浴びること、リズミカルな運動をすることと言われています。リズミカルといっても、ダンスのようなものでなくとも大丈夫です。

例えば、一定のリズムを刻むようなウォーキングやジョギング、筋トレも当てはまります。また、咀嚼《そしゃく》することでもセロトニンが分泌されると主張する研究者もいます。

つまり、**バランスの良い食事をよく噛んで食べ、食後に日光にあたりながらウォーキングやジョギングをすると、セロトニンが分泌され、幸せを感じることができます。**

意外と簡単なことですが、忙しくなればなるほど、食事はファーストフードに偏ったり、時には抜いたりしてしまうこともありますよね。また、適度な運動が必要だと思いつつも、できていない人も多いのではないでしょうか。

この幸せの作り方は、科学的にも証明されていることなので、試さない手はないです。

それが、仕事の効率化や仕事の成果にもつながっていきますよ。

マルチタスクとマインドフルネス

「あ、あれやってないな」「これもまだ途中だな」など、色々と思い出しては作業が止まってしまう、という経験をしたことはありませんか？

途中になっているタスクを「未完了タスク」と呼ぶのですが、これが気になり出すと、非常にまずいです。集中力が落ちたまま、時間だけがどんどん進んでしまいます。つまり、「時間は進むけど、作業は進まない」という状態です。この状態は、水の中を歩いているようなもので、とても大きな抵抗があるんですよね。進めなくはないけれど、かなり時間と労力がかかる状態です。

同時並行でいろんなタスクに取り組むと、こういう状態になりがちです。この状態って、パソコンやスマホで例えると、バックグラウンドにたくさんアプリを立ち上げた状態です。最近のパソコンやスマホは優秀ですが、ちょっと前のものだと、すぐフリーズしてしまいました。こうなると、保存前に戻ってやり直しになり、全然作業が進まなくなります。こんな状態はすぐ抜け出して、サクサク進めたいですよね。

では、どうすればいいかというと、**まずは未完了タスクを書き出します。**途中になっているやるべきこと、まだ手をつけてはいないけれど気がかりになっていること、全部を書き出してください。そして、それぞれの締め切りを確認します。その締め切りから逆算して、**いつから手をつければ間に合うかを計算してください。**少し余裕を持たせると、なお良しです。

そして、今この瞬間にスタートしないと間に合わないものがあれば、それを全力で片付けてください。もし、緊急度の高いタスクがないのなら、最優先事項だけに専念しましょう。その際、せっかく着手する時期を決めたのですから、手帳なりスケジューラーなりに入れて、その着手タイミングが来たら、それぞれのタスクをやっつけていくようにしてみてください。

いつからスタートすべきかをはっきりさせると、未完了タスクを忘れても大丈夫な状態になります。先ほどのパソコンやスマホに例えるなら、バックグラウンドで立ち上げていたアプリを全部消してしまった状態です。立ち上げるのが1つのアプリだけなら、メモリも十分足りますから、作業は捗ります。私たちの頭の中も同じようなものです。1つのことに集中して、やるべきことを1つずつ片付けていきましょう。

こうやって、1つのことに集中しながら進めることをシングルタスク・マネジメントと言います。これができると、**常にマインドフルな状態で仕事ができます。**

最近だと、マインドフルネスという言葉をよく聞きますが、マインドフルという言葉は、気持ちが満ち足りた状態、つまり集中している状態です。逆はというと、マインドレスです。こちらは、気持ちが入っていない、上の空状態と言えばわかりやすいでしょう。まったく集中できていない状態ですね。どちらがやるべきことが捗るか、つまり時間効率がいいかは明らかですよね。マインドフルで仕事ができるように、今手をつけなくていいタスクを探し出して、今やるべきものだけに集中しましょう。

気持ちを落ち着ける『カンタン瞑想』

お勧めのルーティーンの中にも入れていますが、瞑想はとても良いもので、必ず身につけたい習慣の1つです。気持ちが落ち着くことで、冷静に正しく判断できるようになったり、前向きな気持ちになれたり、集中力が増したりと、生産性アップにつながる多くのメリットがあります。

しかし、「何だか難しそう」と思う人もいるでしょう。そこで、短時間で誰でもできる『カンタン瞑想』を紹介します。

ただし、事前準備が必要です。それは人生の目的を考えておくことです。人生の目的というと、壮大な感じがするかもしれませんが、自分自身に対するイメージと考えれば大丈夫です。

例えば、私の場合「本当の意味で自分を大切にすることを伝える道しるべ」のような人生を歩みたいと思っています。ここでいう「自分を大切にする」とは、自分を甘やかしたり妥協したりすることではなく、自分の可能性を大切にするということです。何事も諦めずに前向きに挑戦する人になりたいし、周りの人にもそうあってほしいと願っています。それを一文にまとめたものが私の人生の目的です。

このように、どんな人になりたいのか、またそれを例えるならどんなものなのかを、簡単に一文にまとめるとわかりやすいですよ。

人生の目的を決めておくことのメリットは、迷った時の判断がしやすくなるということです。私の場合、自分にはハードルが高いと思う仕事を引き受けるかどうか迷った時には、率先して引き受けるようにしています。なぜなら、自分の可能性を大切にしたいからです。また、友人や仲間が失敗したとしたら、迷わず励まし、失敗の原因ではなく、将来の可能性を考えるように促します。

このように、**どうしたらいいか迷う時にこそ、人生の目的が道を示してくれます。**ぜひ作ってみてください。

この人生の目的は、**毎朝の瞑想の際に思い出すと、とても効果的です。**たった1分でOKです。口に出してもいいし、イメージを心で感じてもいいのです。その後は、徐々に呼吸に意識を向けていきます。呼吸はあまり細かくこだわらなくて大丈夫です。目を閉じて、「ゆっくりと吸って、ゆっくりと吐く」を繰り返します。頭に浮かんだものにとらわれずに、ただ呼吸に意識を向けていくだけです。もし、頭に浮かんだイメージにとらわれた時は、目を開けて景色に目を向けるといいでしょう。そして、落ち着いたら目を閉じて呼吸に意識を向けます。ただこれだけでいいのです。

約1分間人生の目的を強く意識して、その後は呼吸に意識を向けていくだけ、合計たった5分だけです。ぜひ、モーニングルーティーンに入れてみてくださいね。

感情をコントロールして効率を上げる方法

時間を有効に使っていこうと思えば、気持ちや感情が大きく影響してきますよね。喜びや楽しさなどの、いわゆるプラス感情を感じている時には、作業効率は高くなりますが、悲しみや辛さなどのマイナス感情を感じている時は、低くなってしまいがちです。それほど、私たちは感情の影響を受けてしまいます。

では、この感情をコントロールできたらどうでしょうか？　作業効率を自分の力でコントロールできることになりますよね。その方法について、カウンセリングの考え方を見ていきましょう。

アメリカの臨床心理学者アルバート・エリス氏が１９５５年に提唱した「論理療法」の中心概念に『ＡＢＣ理論』という考え方があります。これは、状況や出来事（Activating

考え方を変えると感情が変わるABC理論

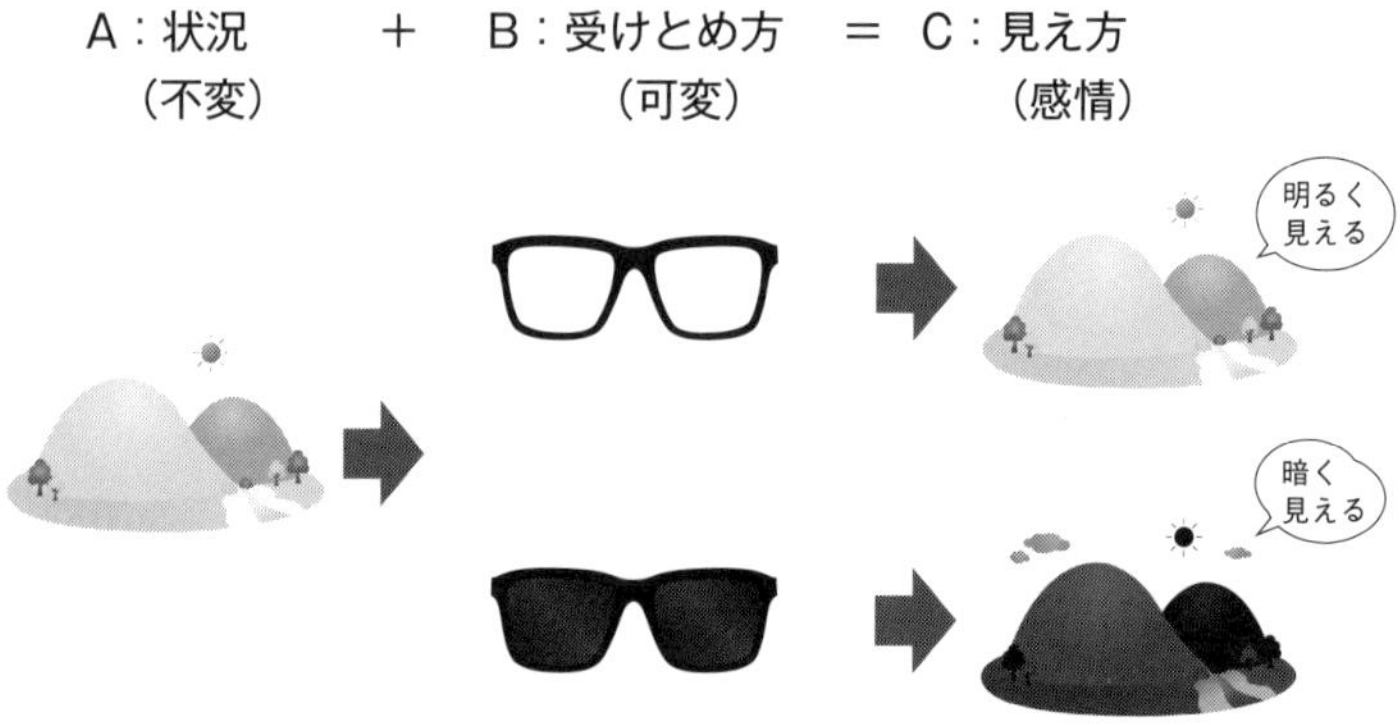

眼鏡の色によって見え方が異なる！

event：「A」）の受け止め方（Belief：「B」）が、感情やその後の行動などの結果（Consequence：「C」）を決めるという考え方で、カウンセリングに用いられます。このABC理論を使って、感情をコントロールする方法を紹介します。

上図にあるように、景色をクリアなレンズの眼鏡を通して見るのと、サングラスをかけて見るのとでは、見え方が異なりますよね。当然、結果として印象が変わります。このように、**私たちの感情は、状況や出来事そのものではなく、受けとめ方によって決まるのです。**

感情（C）をコントロールしたいと思っ

たら、その前のAかBを変えなければいけませんよね。Aの景色そのものは変えられません。変えられるのは、自分が掛けている眼鏡の方です。落ち着いて、冷静に考えればわかることですね。しかし、マイナスの感情を感じて冷静さを失ってしまうと、Aの状況や出来事を変えようと必死になってしまうことがあります。

例えば、上司にひどく叱られて落ち込んだとしましょう。その際、上司に叱ることをやめさせることはできません。しかし、叱られたことへの受け止め方を変えることができれば、落ち込まなくて済むようになります。「叱られたポイントは伸びしろだ」「今指摘してもらったおかげで、成長できる」などと**前向きな眼鏡で捉えることができれば、落ち込むどころかやる気が上がります。**このように眼鏡を掛け替えることで、感情をコントロールできるのです。

眼鏡の掛け替え方についても、紹介しておきますね。もっとも手っ取り早いのは、他人の眼鏡を借りるという方法です。具体的にいうと、あなたが尊敬する人の考え方を当てはめてみるのです。例えば、憧れの有名人、歴史上の人物などです。その人だったら「どう捉えるかな？」と想像してみましょう。それだけで自分とは違った結論（感情や行動）がイメージできるようになります。

眼鏡を替えるもう1つの方法は、合理的判断をすることです。普段私たちは、状況や出来事を感覚的に捉えています。合理的かどうかというよりは、これまでの経験で何となく良し悪しを判断しているのです。その感覚的な判断を、合理的判断に変えていけばいいのです。その状況や出来事のメリットとデメリットを並べたり、そこから何が学べるかを分析したりしましょう。こうして合理的に考えていくことで、感情も落ち着き、前向きに捉えられるようになっていきます。

落ち込んだり、ショックを受けたまま仕事をしていくと、乱れた心からミスを引き起こしてしまったり、集中できずに予想以上に時間をかけてしまうリスクがあります。いずれの方法でもいいので、ひとまず感情をコントロールして、仕事に集中できるように自分の状態を整えていきましょう。これも時間管理をしていく上で必要なスキルです。

作業興奮という名のやる気スイッチ

「どうもやる気が出ないなぁ」なんて仕事に手がつかない、あるいは先延ばしにしてしまうことってありませんか？　集中力が途切れ、やる気も出ず、何も手につかない、それでも仕事の締め切りは迫ってきますし、時間は止まってくれません。さて、そんな時はどうすればいいのでしょうか？

実は、シンプルで、とても効果の高い方法があります。それは**「とりあえず、やってみる」**ことです。手をつけたいと思えるまで待ったり、やる気が出てくるまで他のことをしようとすると、やるべきことに手をつけるのが、ますます億劫《おっくう》になってしまいます。「勉強しなくちゃ」と思いつつ、「やる気が出るまで休憩」と、思わず手を伸ばした漫画に没頭してしまって、全く勉強できなかった経験はありませんか？　**やるべきことから**

逃げると、その場に戻ることがますます難しくなるのです。だからこそ、「とりあえず、やってみる」のです。

例えば、勉強なら、まず教科書とノートを広げる。やる気がなくても、勉強の態勢を取るのです。どのページでもいいので読んでみたり、ノートに書き写してみたり、それらしく振る舞ってください。そうすると、不思議とやる気に火がついてきます。このような現象を「作業興奮」と言います。

勉強から逃げて読んだ漫画も、思わず没頭してしまったのは、この作業興奮が原因かもしれません。**やる気というのは、その作業をやり始めてから徐々に高まっていく性質があるのです。**

私はこの性質を利用して、筋トレを継続させています。やる気がなくても、とりあえずジムに行く。そうすると、せっかく来たのだからと、とりあえずダンベルを握る。すると、徐々にやる気が出てきて、いつも通り汗をかくといった具合です。

「やる気が出ないなぁ」とか「めんどうだなぁ」などと感じたら、その仕事の準備をして、形だけ、フリだけでもいいので、やり始めてみましょう。5分もすれば、やる気が沸々と湧いてきます。

この現象を知っている人だけが、自分のやる気に左右されずに仕事のペースを保つことができるのです。騙されたと思って、一度試してみてくださいね。

「幸運だ」と思うだけで時短に！

突然ですが、あなたは運がいい方だと思いますか？　実は、「自分は運がいい」と思うだけで、時間を短縮できることが実験で証明されました。なんだかうさんくさい話に聞こえるかもしれません。

ところで、「運」とは何なのでしょう？　イギリスの心理学者、リチャード・ワイズマン博士の言葉をお借りしましょう。

「運というものに科学的根拠はない。唯一の違いは、自分は幸運だと思うか不運だと思うかである。言い換えれば、自分にいいことが起こると予想するか、悪いことが起こると予想するかである」

ワイズマン博士は、おもしろい実験をしています。

実験の参加者に「新聞にしっかり目を通して、掲載されている写真の枚数を数えてください」と指示をしました。その結果、「自分は運が悪い」と思っていた人たちは回答するのに平均2分かかったそうです。しかし、「自分は運がいい」と思っていた人たちは、ほんの数秒で答えました。実は、新聞の冒頭に「この新聞には写真が43枚掲載されている」と明記されており、運がいいと思っていた人たちはそれを見つけたのです。また、新聞の中ほどに「実験者に『これを見た』と言えば、250ドルが当たる」という別のメッセージも書いておいたそうです。結果、やはり運が悪いと思っている人はその一文を見落とし、運がいいと思っていた人たちはチャンスを掴みました。

脳は、もともと持っている考えに対して、それを裏付ける証拠を見つけ出す性質があります。例えば、「パートナーが浮気をしている」と疑ったら、その瞬間から「あれは浮気の証拠だ」と思えることを次々と思い出したり、目の前の行動がすべてあやしく見えるようになったりします。

先のワイズマン博士の実験でも、「自分は運がいい」と考えている人は、「43枚掲載されている」「250ドルが当たる」という文字を見つけた時に「やっぱり運がいい！」と感じたでしょうし、「自分は運が悪い」と考えている人は、答えを聞かされた時に「やっぱり運が悪い」と感じたでしょう。また、運が悪いと考えている人は、疑い深くもなります。「そんなにうまくいくはずがない」って考えてしまうんですね。だから、仮に「43枚掲載されている」とか「250ドルが当たる」という文字を見つけていたとしても、信じなかったのでしょう。また運がいいと思っていれば、その証拠が目につくので、仕事がうまくいかなかった時でも、「結果はよくなかったけど、○○だったおかげで、最悪な事態は避けられたかな」とラッキーだったポイントを見つけることもできます。

このように**「自分は運がいい」と思うだけで、時間短縮につながることがあるのです。**

第 6 章

大きな視点でのタイムマネジメント

長期プロジェクトを円滑に進めるヒント

ここまで「1日」という単位に焦点を絞って、時間の使い方をお伝えしてきました。1日1日の予定をしっかりと組み立て、それを守り抜くことで理想的な毎日が手に入ることはわかってもらえたでしょう。しかし、それは小さな視点から見たタイムマネジメントであり、これだけではうまくいかないこともあります。

迷った時、うまくいかない時には、完成図を時折確認することでうまくいきます。つまり、少し大きな視点を持つことが大切なのです。本章では締めくくりとして、そのような大きな視点でタイムマネジメントを考えていきましょう。

比較的時間のかからない仕事もありますが、場合によっては数ヶ月、あるいは数年かけて進めていく長期プロジェクトもありますよね。

短期プロジェクトであれば、なんだかんだ言いつつも、「とにかく素早く着手して、できるだけ早く仕上げる」「遅れている人を全員でカバーして何とか乗り切る」といった、いわゆるパワープレーでなんとかなったりします。

しかし、長期プロジェクトの場合は、後回しにした業務を取り返すのに膨大な時間がかかったり、途中で担当が変わったりすることもあり、なかなか一筋縄ではいきません。長期プロジェクトを無駄なく円滑に進めていくためには、何をどうすればいいのでしょうか。

1年かけて行うプロジェクトを例に考えてみましょう。

まず、全体像から確認していきます。その際、絶対に欠かしてはいけないのが第3章で紹介した**『目的』『目標』『手段』**の3点セットです。このプロジェクトは何のために行うのか？　またどのレベルを目指しているのか？　そして、何をどのように進めていくのか？　これらを考え抜き、いつまでに何をすればいいのかをまとめて、プロジェクトのロードマップを描いていきます。

その全体像をまとめるためには、**ガントチャートがお勧めです。**よく見かける、一般的な工程表をイメージしてもらえれば大丈夫です。

参考までに、私の連続講座のプロジェクトに関するガントチャートを用意しました。左図を見てください。このように、何月に何を行っていくのかをわかりやすく表示します。この図は例としてわかりやすいように1ヶ月単位で作っていますが、もう少し細かくして、1ヶ月を上旬、中旬、下旬と分けたり、週単位で作っていくのもいいでしょう。どのレベルまで詳細にしていくかは、あなたのプロジェクトに合わせて変更してください。

ガントチャートは、「いつ、何をやるのか」が一目でわかるため、やるべきことの抜けもれがなくなります。また、進捗状況もわかりやすいですよね。エクセルなどで簡単に作れますので、長期プロジェクトに臨む際には、必ずガントチャートを作成し、全体像を把握しておきましょう。

チームで行う長期プロジェクトも、同じ要領でガントチャートを作成しましょう。その際、**タスクと、それぞれの期限、役割分担をしっかりと話し合い、それらもわかりやすく表記してください。**そうすることで、責任の所在が明確になり、プロジェクトに関わる全

ガントチャートで、長期プロジェクトもしっかり管理

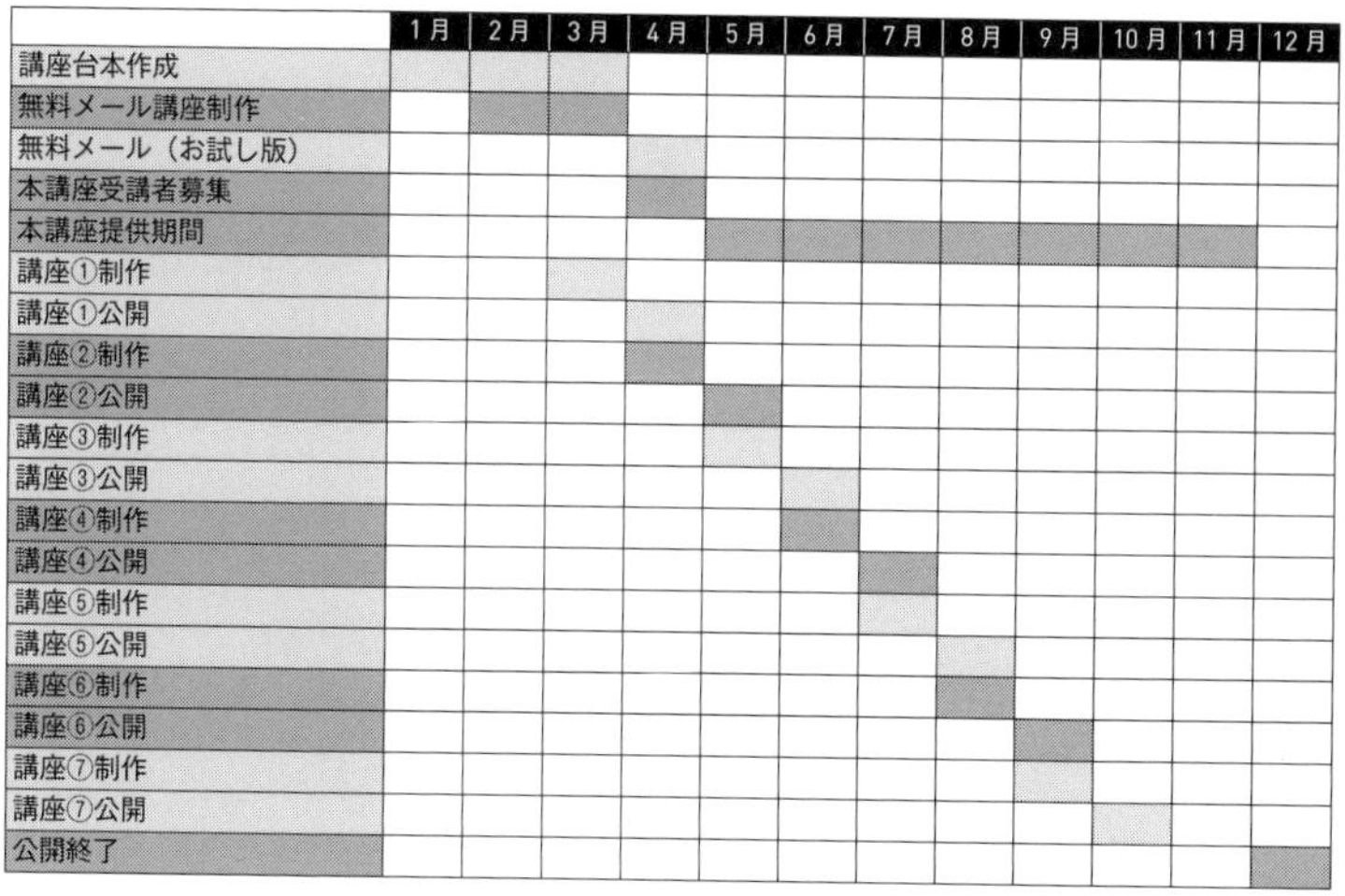

員が、迷うことなく自分のやるべき仕事に向き合えます。

また、誰が遅れているのかもわかりやすくなるので、チーム内で助け合いがしやすくなります。プロジェクトに関わるメンバー全員が、全体像を把握しながら仕事に着手できれば、無駄なくスムーズにプロジェクトを進めていけるようになるでしょう。

組織のタイムマネジメント
(1) 3つのMをなくせ

会社や組織で仕事をするのは、1人で行うよりも効率的だからです。複数人が集まった方が知識や技能も増えて、効率よく、より高い成果が望めますよね。

しかし、実際はどうでしょう。もしかして、1人でするよりもかえって時間を無駄にしていませんか？

組織で仕事にあたる場合、気をつけておきたいのは、ムリ・ムダ・ムラの『3M』です。複数人で取りかかるため、無理なスケジュールで進めようとしていたり、ダブルチェックのはずがトリプルチェックになっていたり、担当業務によって仕事量にムラがあったり、そんな状況になっていたら要注意です。

このようなムリ・ムダ・ムラをなくすことを『業務改善』と言います。組織の生産性を上げるための、基本的な考え方です。そのポイントを見ていきましょう。

①「ムリ」をしない

「ムリ」を探すには、3つのポイントがあります。1つ目は、無理なスケジュールになっていないかどうかです。私たちは、つい順調に進むことを前提として、進捗ペースを考えてしまいます。しかし、実際には、受け渡しや引き継ぎの時間、報告・連絡・相談のために仕事から手が離れてしまう時間を、見積り忘れることが多いものです。また、考える仕事については時間が読みにくいですし、会議だって時間通りに終わることの方が少ないでしょう。

このように業務と業務の『繋《つな》ぎ時間』を取らずに、無理なスケジュールになることが多いのです。これを防ぐためには、隙間なく予定を埋めるのではなく、**進捗確認の時間をクッションタイムとして入れておきましょう。**

2つ目のポイントは、人数の不足です。これは「まぁこれくらいの人数でいけるだろう」と高を括《くく》ってしまうことで起こります。単に人数が足りないだけなら、スケジュールの問題になりますが、専門家が足りないとか、有識者がいないといった場合もあります。こうなると、順調に進んでいたスケジュールが突如として止まってしまいます。そこから専門家や有識者を探すとなると、大幅なタイムロスになりますよね。最初から**業務の全体像を見ながら必要な人数を集めて、万が一のために相談できる部署や人も目星をつけておきましょう。**

個人の能力に対しても無理がかからないようにしましょう。資格や専門知識がないとできない仕事を素人に押しつけると、当然時間はかかりますし、何かトラブルがあった時には、大きなタイムロスを生んでしまいます。そもそも、資格が必要な業務を素人にさせるのはコンプライアンス違反となり、それ自体が大問題です。

3つ目のポイントは、経費です。通常なら少しゆとりを持って予算を組むと思いますが、大規模なものや長期プロジェクトになると、その読みが甘くなりやすくなります。**当初の予算から大幅にはみ出てしまうと、予定していた仕事に着手できなくなる可能性があります。**

仕事の大切な目的の1つに『利益を出すこと』がありますよね。経費的な無理がそれを阻んでしまうのなら、仕事をしている意味がありません。本末転倒です。しっかりと無理のない予算を考えていきましょう。

②「ムダ」を省く

2つ目のM「ムダ」を省いていきましょう。

業務改善研修などで、「無駄を省きましょう」というと、「もう省ける無駄はありません」という答えが返ってくることがあります。しかし、本当にそうでしょうか？　実は、よくよく考えてみると、まだ無駄だらけでしたということが多々あります。さて、その無駄探しのポイントはどこにあるのでしょうか？

普段仕事をしていると、いつもの手順で、いつも通りに進めることになんの疑問も感じなくなります。つまり、それが当たり前だと感じてしまうのです。

しかし、その当たり前を見直さなければ、無駄は見つかりません。そのためには、**目的に立ち戻って、ゼロベースで仕事の手段を見直す必要があるのです。**そこで初めて、「あれ？　以前からやっていたけど、この工程は不要だな」「新しい○○で代用すると手早く終わるな」という点に気づけたりします。普段何気なく取り組んでいる業務こそ、一度時間を取って、目的から見直してみてください。

③ムラをなくす

3つ目のM「ムラ」もなくしていきましょう。

仕事上のムラというのは、先ほどもお伝えしたような、メンバー間の業務量格差がもっともわかりやすい例でしょう。Aさんは毎日定時で帰るのに、Bさんはいつも残業しているという個人差、または総務部と企画部の平均残業時間が10時間以上違うというような部署における差があります。これらの差は能力差によるところもありますので、一概には言えませんが、長い間続くようなら、業務分担を見直してください。

また、仕事量のムラもできるだけなくす方がいいでしょう。いわゆる繁忙期と閑散期の差です。季節性の高い商品やサービスを取り扱っている場合は、仕方ないかもしれませんが、それでもムラは少ない方がいいですよね。閑散期に、繁忙期の業務を前倒しで行えるものがあれば手をつけておきましょう。

これは日ごとや週ごとの仕事量の差も同じです。忙しくなりそうなら、前もって着手できるものを片付けていきましょう。どんなに忙しくても締め切りは来ますので、**後ろ倒しではなく、前倒しの意識を常に持ってください。**

組織のタイムマネジメント
(2)人を育てよ

組織のタイムマネジメントとしては、人材育成もとても大切です。
部下や後輩が育ってくれれば、それだけ仕事を振れるようになるので、あなたの手は空きます。そうすれば、ゆとりを持って、あなたしかできない責任ある仕事や、あなたの上司の仕事を請け負うことができるようになり、組織全体としての時間効率が高まっていきます。そのためには、積極的に人を育てていかなければいけません。

人を育てるというと具体的に何をしなければいけないのでしょうか? 少し考えてみてください。仕事のやり方を教え込んで、できるようになるまで見守って、途中で間違いがあったら指摘したり、困ったことが起きたら相談に乗ったり……、こう考えると部下や後輩から目は離せないし、自分の仕事に集中できないし、なんだかめんどうだなぁと思うかもしれません。その結果、「仕事を押し付けるのも酷だし、自分でやった方が早いか」と、自分で抱え込んでしまいます。

しかし、これではいつまで経っても部下や後輩は育ちませんし、あなたの時間的ゆとりも生まれません。組織やチームの時間効率も上がっていきません。人の成長には、じっくり待つことが必要となってきますが、できるだけ短時間で成長してもらう工夫はすることができます。その工夫について考えていきましょう。ポイントは２つです。

①業務の全体像と、頼みたい作業の流れを伝える

作業工程を伝えることも重要ですが、**その作業の前後の関連を教えないと、スタートとゴールのイメージが湧きません。**そうなると、単に言われたことしかできず、応用が利かなくなってしまいます。

業務の全体の流れがわかるように、頼む作業の意義と、スタートとゴールのイメージを説明してあげてください。そして、説明する際には、目的・目標・手段の3点セットを、わかりやすく伝えることも忘れないでくださいね。

②人の成長速度が最速になるタイミングを知る

『啐啄同時《そったくどうじ》』という禅の言葉があります。これは、鳥のヒナが卵から出ようと鳴く声と、親鳥が外から殻をつつくのが同時であることを意味しています。もしヒナが鳴いているとに親鳥が気づかなければ、ヒナは卵の中で弱ってしまいます。逆に、まだヒナが鳴いていないのに、親鳥が焦って殻を割ってしまったら、未熟児の状態で殻から出されて弱ってしまいます。ヒナと親鳥のタイミングが一致することで、元気に生まれるという教えでもあります。

この教えを仕事に当てはめると、ヒナは部下や後輩、親鳥はあなたです。部下や後輩が「教えて欲しい」と希望しているのに放っておくと、やる気は失せてしまうでしょう。逆に、部下や後輩が教わるつもりもないのに、あなたが先回りして教えようとしてしまうと、同じくやる気をなくしてしまいます。このどちらでもなく、**部下や後輩が「教えて欲しい」と意欲を持っているタイミングで、あなたが適切なアドバイスをすると**、ベストタイミングな学びを提供することができるのです。

これが、最速で成長するタイミングです。このタイミングを逃してしまうと、人材育成は忍耐勝負となってしまいます。時間効率もあまりよくありませんので、この『啐啄同時』という教育のベストタイミングはしっかりと頭に入れて、部下・後輩指導に当たってください。

伝え方を変えると時間が節約できる

業務改善や人材育成を行う際の『言ったvs聞いていない』の議論って無駄ですよね。また、きちんと伝えたはずなのに、その通りに行動してもらえず、やり直しに時間がかかってしまうこともよくありませんか？　ここでは、時間を無駄にしないためのコミュニケーションの取り方について、紹介します。

そもそも、仕事においてコミュニケーションは何のために取るのでしょう。いろんな目的が考えられますが、大きくいうと「合意を取り付けるため」です。

例えば、仕事の依頼をする時には、その内容や期限に合意してもらう必要がありますよね。そして、合意を取り付けるためには、「納得」が必要です。では、どう伝えると相手は納得してくれるのでしょうか？

文化人類学者のエドワード・T・ホール博士によると、「論理と感情がそろうと納得にいたる」そうです。博士のいう「論理」とは、情報が整理された状態です。つまり、わかりやすい情報と言っていいでしょう。「感情」とは、気持ちだけでなく、情報の背景（ニュアンス）も含みます。すっきりわかりやすく説明されても、「どうも腑に落ちないなぁ」と思えば納得度は低いですし、逆に気持ちは前向きになれても、情報不足では納得しにくいものですよね。論理と感情はどちらも必要なのです。

論理的に話すのが苦手という人もいますが、シンプルに考えていただければ結構です。論理という漢字は結論の「論」と理由の「理」で成り立っています。つまり、**話をする時に、結論だけでなくきちんと理由もつけてください**ということです。「○○をお願いします」は結論だけですが、「○○をお願いします。私は□□を引き受けますから」と、理由を付け加えられたら、少し納得度は上がりませんか？

感情については、大げさに感情に訴えるのではなく「不安はありませんか?」などと気持ちを聞く程度で構いません。腑に落ちない点を確認したり、疑問点をなくしたりするだけで、伝わる度合いはグンと高まります。納得してもらい、合意を取り付けることで不毛な議論をさけ、的確に仕事に取りかかれるでしょう。

失敗の捉え方でスピードアップ

ここまで時間を有効に使うコツや、無駄を省くことについて考えてきました。そうなると、「一発で上うまくいかなければ」とか「無駄な失敗はしたくない」といった気持ちにもなるでしょう。

しかし、失敗を恐れると、逆に時間を浪費する可能性があります。ここでは、失敗を過度に恐れないように、失敗そのものについての考え方をみていきましょう。

「石橋を叩いて渡る」という言葉がありますが、確かに慎重になることも大切でしょう。しかし、現在のビジネスでは、スピードも求められています。完璧を求めて時間をかけ過ぎることは、かえって仕事の成果を下げてしまいかねません。

つまり、慎重さはリスクになる可能性があり、迅速さこそがチャンスにつながる可能性があるということです。
私は管理職研修にも登壇しますが、管理職の人たちはそろって「完成度は低くていいから、スピーディーに仕事をしてほしい」と言います。経営者や管理職の人たちに聞いていると、だいたい**「完成度6割」が目安です。**6割くらい完成したら、一度確認に来て欲しいというのが大多数の意見でした。その理由は、「早い段階の方が軌道修正しやすいから」がもっとも多く、次いで多いのが「順調に進んでいるかどうかの進捗確認にもなるから」です。

実は**上司は失敗をさほど気にかけていません。**それよりも、**スピードを求めているのです。**仮に失敗したとしても、いち早くリカバリーできれば大丈夫ですし、その状況を正確に知っておく方が安心するのです。仕事に失敗はつきものだ、という実感があるのでしょう。取り返しがつかないような大失敗にならないうちに、素早く報告・連絡・相談しましょう。

1日は壮大なパズルの1ピース

今は『人生100年時代』と言われています。あなたが100歳まで生きると仮定して、人生を考えてみましょう。1年は365日ですので、100歳まで生きれば36500日（うるう年除く）が、あなたが生きる日数です。

仮に、22歳で大学を卒業して就職したとしたら、その時点で残り約28500日となります。定年を65歳とすると、仕事に就いている間の日数は約15700日です。大体年間120日程度お休みなので、それを除くと約10500日となります。

人生のうちの1／3弱が、働く日数です。こう考えると、意外と短いと感じられるのではないでしょうか。働く日々というのは、毎日延々と続くと思いがちですが、必ずいつか『終わりの時』が訪れます。

「有終の美を飾る」「終わりよければすべてよし」という言葉がありますが、最後のその瞬間だけがんばっても意味がないですよね。それまで積み上げた日々が、人生で大きな意味を持ってきます。

そして、短く感じるといっても働く日数は1万日以上あるわけです。**1日の組み立て方のほんの少しのズレが、結果として大きな差になってしまいます。**幕末の思想家、吉田松陰が次のように言った通りです。

「一日一字を記さば一年にして三百六十字を得、一夜一時を怠らば、百歳の間三万六千時を失う」

1日1日を丁寧に過ごすこと、それはとても大切なことだと思いませんか?

人生というのは、36500ピースの巨大なジグソーパズルです。**「1日」というのは、その大切な大切な1ピースなのです。**1ピースでも欠けてしまえば完成しません。どんなに模様のはっきりしないピースであっても、大切なのです。濃いピースもあれば、薄いピースもあるでしょう。しかし、これらはすべて異なるピースであり、どれひとつ同じものはありません。かけがえのない1日の集まり、それが人生です。

たった1日、たった1時間、たった1分、時には軽んじてしまうかもしれませんが、それもピースの中にきちんと記録されていると思って、１日という時を、大切に、そして丁寧に過ごしていきましょう。

タイムマネジメントは理想を叶える手段にすぎない

本書ではタイムマネジメントについて、ありとあらゆる角度から考えてきました。

しかし、タイムマネジメントというのは、あくまで手段です。あなたの理想の働き方、生き方を叶えるための方法論です。理想的な予定が組めるようになるだけでは、ダメなのです。それをきちんと実行し、うまくいかないところは原因を追及して、改善を加えていってください。

ビジネスの成功法則の1つに『ＰＤＣＡサイクル』という考え方があります。計画（Plan）し、それを実行（Do）し、その結果を振り返り（Check）、改善（Action）を加えるという意味です。次の工程を見据えて、常に考える必要があります。

タイムマネジメントを行う際も同じです。「これができるようになればあとは全部ＯＫ」

と、思考停止にならないように気をつけてください。考え続けることは、とても労力のかかることかもしれません。しかし、**考えなしに働き続けて、理想の人生を生きることは不可能です。**その都度しっかり考え、少しずつ前へ、上へと進んでいくことが重要です。そのためには、常に高い理想を掲げ、高いレベルを見据えておきましょう。

何のために働くのか？　何のために生きるのか？　目標を達成するために、時間をどのように使えばいいのか？

この問い一つ一つに真剣に答えていくことで、あなたの働き方、生き方はどんどん充実していきます。時間の使い方1つを考えるだけで、こんなに壮大な問いに答えなければいけないのか、と思うかもしれませんが、よく考えてみてください。**人生は時間できているのですから。**

おわりに

「1日」をよりよく、より充実したものにするためには、習慣やルーティーンを組み上げていくことが絶対に必要だという確信があります。しかし、私たちは機械ではありませんので、毎日同じことを正確に繰り返すのは難しいものです。体調や感情によって大きく影響され、「やらなければいけないとわかってはいるけど、なかなか進まない」といったジレンマがつきまといます。

このような時間の使い方に関するジレンマを私自身も感じながら、1つずつ普段実践していること、研修やコーチングでお伝えしていることなどを思い出しながら、書き進めていきました。

本書の中で何度となくお伝えした通り、時間の使い方はそのまま人生に反映されていきます。もちろん、働き方にも。特に仕事においては、ますますスピードが求められる時代になりました。さらに、スピードだけならまだしも、高い専門性と広い視野も同時に求められます。もしかしたら、数十年前なら2〜3人で分けていた仕事を1人で行っているのではないかというくらい、1人当たりの負担と責任は大きくなっているように感じます。しかし、それを「負担」だと嘆くのではなく、「成長の機会だ」と前向きに捉え、時間をフル活用して、成長していきましょう。

理想的な「1日」を作るのはあなたの決意と行動次第です。自分の働き方、人生をよりよくするために、本書でお伝えしてきた絶対的な「1日」の習慣を、しっかりと組み上げていってください。あなたの仕事、人生がうまくいくことを心から応援しています。

山本 武史

［著者］

山本武史（やまもと・たけし）

タイムマネジメントコーチ／ポテンシャルビジョン代表
米国CTI認定プロフェッショナル・コーアクテイブ・コーチ（CPCC）
1977年兵庫県赤穂市生まれ、香川県高松市在住
時間と心にゆとりをつくる専門家。医療従事者や経営者、管理職など忙しく働くビジネスパーソンに、成果を最大化するための時間管理術と折れないしなやかなメンタルを育む方法を教えている。
営業（MR）として社会人生活をスタートするも、当初は最下位クラスから抜け出せない日々を送っていた。しかし時間管理という考え方に出会い、一気にトップクラスに上り詰める。その後独立し、心理学を学ぶ中で窮地に立たされても折れないしなやかなメンタル強化法を体得。
自身の経験から時間管理術とメンタル強化法を体系化し、これまで1万人以上に教えてきた。受講者からは「具体的でわかりやすい」「すぐ使えるスキルがたくさんある」と高い評価を受けている。
現在は、若手の成長促進と離職防止にも力も入れて、組織力強化をサポートしている。

Twitter：https://twitter.com/kenshukoushi

ブックデザイン　山之口正和＋沢田幸平（OKIKATA）
組版・図版　システムタンク
校正　鷗来堂

仕事がうまくいく！　絶対的な「1日」の習慣

2021年 12月 16日　初版発行

著　　者　山本武史
発 行 者　石野栄一
発 行 所　明日香出版社
〒112-0005　東京都文京区水道2-11-5
電話　03-5395-7650（代表）
https://www.asuka-g.co.jp

印　　刷　美研プリンティング株式会社
製　　本　根本製本株式会社

ISBN 978-4-7569-2184-0

ISBN978-4-7569-1649-5

「仕事が速い人」と「仕事が遅い人」の習慣

山本 憲明著

B6判　240ページ
本体　1400円＋税

同じ仕事をやらせても、速い人と遅い人がいます。

仕事の速い人、遅い人の習慣を比較することで、どんなことが自分に足りないのか、どんなことをすればいいのかがわかります。著者の体験談とともに50項目で紹介します。